비즈니스
천재들은
생각하는
방법이
다르다

비즈니스 천재들은 생각하는 방법이 다르다

| 이원선 지음 |

Pegasus
페가수스

"왜 이 생각을 못했지."

혼자 낙담하며 머리를 쥐어뜯었다. 나 스스로 완벽주의를 추구하는 경향이 있어서 남보다 일처리가 늦거나 미흡하면 그런 행동이 나왔다. 실제로 내가 하는 대부분의 일들이 지지부진하고 성과도 저조했다. 근본적인 원인은 생각의 범위가 좁고 기존의 굴레에서 벗어나지 못했기 때문이다.

분명히 문제의 원인을 잘 알고 있었다. 그러나 극복할 수 있는 방법을 제대로 찾을 수 없었다. 그래서 남들보다 시행착오를 많이 겪었고 노력에 비해 기회를 제대로 잡지 못할 때가 많았다. 옛말처럼 '얻기 어려운 것이 시기고 놓치기 쉬운 것이 기회'라는 사실을 뼛속 깊이 경험하는 일이 많았다. 필요 이상의 시행착오는 기회비용을 발생시킨다. 그러나 이제 와서 돌이켜보면 다른 사람들보다 많은 시행착오를 겪어서인지 그 과정에서 생각의 차이를 만들어내는 나름의 원리를 파악할 수 있었던 것 같다. 생각의 차이는 행동의 차이를 만들고, 행동의 차이는 성과의 차이를 만든다. 그리고 그 생각의 차이는 창의력에서 출발한다.

실무자들이 힘들게 기획서를 만들어 보고하면 상사들이 늘 하는 이야기가 있다.

"한마디로 뭐 하자는 거야?"

"이게 한국어야 외국어야?"

　쉽게 말해서 기획서에 알맹이가 없다는 뜻이다. 그러나 이렇게 말하는 상사들조차도 무엇이 한국말이고 알맹이인지 제대로 답을 내놓지 못한다. 업무내용은 이미 잘 알고 있어서 실무자들이 만들어 온 것을 보고 평가할 수 있지만, 딱 꼬집어서 알맹이 있는 대안을 제시하지는 못한다. 알맹이는 창의력에서 나온다. 그리고 대부분의 문제는 알맹이를 만드는 창의력이 없기 때문에 발생한다.

　창의력을 개념적으로 정의하면 '문제해결을 위해 새로운 개념을 찾아내거나 기존의 것을 새롭게 조합해 내는 능력'이라고 할 수 있다. 누구나 창의력을 발휘하고 싶지만 아무나 창의력을 발휘하지는 못한다. 이유는 두 가지다.

　첫째, 창의력이 만들어지는 메커니즘을 정확히 파악하지 못하고 있기 때문이다. 일이 꼬이고 어려워지는 원인은 일의 시작과 끝을 정확히 모르는 데서 발생한다. 일의 메커니즘을 파악하면 일의 시작과 끝을 예측할 수 있다. 그러면 일이 무척 쉬워진다. 시작과 끝을 연결하면 방향이 보이기 때문이다. 이 책은 생각과 행동의 화학적 반응을 만들어내는 창의력의 메커니즘을 단계별로 규명한다. 이를 통해 창의력이 만들어지는 프로세스를 쉽게 이해하고 세부적인 단계를 구분할 수 있을 것이다.

둘째, 브레인스토밍, KJ법, 트리즈와 같은 부분적 발상법에 지나치게 의존하기 때문이다. 우리가 알고 있는 대부분의 발상법들은 창의력이 만들어지는 과정의 일부분에 지나지 않는다. 핵심은 이러한 발상법들을 전체적인 관점에서 어떻게 활용하느냐에 있다. 이 책에서는 창의력의 각 단계에서 다양한 사고법을 어떻게 활용할 수 있는지, 그리고 우리가 원하는 창의적 성과를 어떻게 얻어낼 수 있는지, 그 방법을 제시할 것이다.

이 책은 일을 성공적으로 수행하기 위해 창의력을 어떻게 접목시켜야 하는지를 실무적으로 정리한 결과물이다. 실무적인 창의력을 개발하여 생각의 차이를 만들고 시행착오를 최소화하는 것이 이 책의 궁극적인 목적이다. 시행착오를 줄인다는 말은 사업의 성공확률을 높이고 성과 창출의 지름길을 만든다는 뜻이기도 하다.

1부에서는 창의력의 본질을 알아보고, 여러 가지 기본개념들을 살펴본다. 본질이란 결국 목적을 뜻한다. 목적이 없는 창의력은 과대망상이 되기 쉽다. 가장 먼저 목적을 기준으로 창의력과 상상력의 차이가 무엇인지 간단하게 알아볼 것이다. 그런 다음 '팩트 중심 사고'와 '비즈니스 방향설정'에 대해 알아보고, 관찰→기호화→패턴→관계화로 이어지는 창의력 프로세스 4단계의 기본개념을 살펴볼 것이다.

2부에서는 창의력 프로세스의 첫 번째 단계인 관찰단계에 대해 알아본다. 관찰의 핵심 대상은 '환경변화'다. 이 책에서는 대표적인 환경변화 관찰법인 TPO 관찰법을 사례와 함께 살펴볼 것이다. 이와 더불어 공개 정보를 분석하고 집중적으로 활용하는 방법도 알아볼 것이다.

3부에서는 관찰의 결과를 정보로 축적하는 기호화 단계의 의미를 이해하고 활용사례를 살펴본다. 기호는 지식과 경험을 축적하는 도구다. 라이프니츠의 이진법, 세종대왕의 한글창제, 각종 경제지표 개발 등을 기호화 관점에서 재해석할 수 있다.

4부에서는 축적된 정보를 중심으로 변화의 흐름을 파악하는 패턴에 관해 다룬다. 패턴은 변화무쌍하고 복잡한 환경변화의 규칙을 찾아내는 것이다. 이렇게 찾아낸 규칙은 거꾸로 현상을 이해하는 도구로 활용된다. 여기서는 비율, 주기, 트렌드를 중심으로 패턴 구성 방법을 알아본다.

5부는 창의력의 최종 단계인 관계화에 관한 것이며, 그 중에서도 관계인식과 관계검증을 중점적으로 다룬다. 관계인식은 패턴과 패턴을 연결하여 새로운 사실을 발견하는 과정이다. 이후 새로운 사실을 검증하는 관계검증 과정에서는 가설검증 방법을 구체적으로 소개할 것이다.

6부에서는 발상법의 근간이 되는 연상법과 유추법을 중심으로 기존 창의력 교육과정에서 다루고 있는 기법들의 활용방법을 소개한다. 대표적인 기법으로 브레인스토밍, KJ법, NM법, 스캠퍼, 트리즈 등이 있다. 이러한 기법들은 특정 실무부서에서만 활용되는 것이 보통인데, 그 원리를 알고 나면 일반 조직뿐만 아니라 일상생활에서도 다양하게 활용할 수 있는 가능성을 확인할 수 있을 것이다. 사고思考의 원리를 먼저 파악하고 싶은 독자라면 6부의 내용부터 읽는 것을 권하고 싶다.

이 책이 나오기까지 많은 사람들의 도움이 있었다. 나는 속된 말로 가방끈이 긴 사람도 아니고 학자도 아니다. 호기심을 충족시키기 위해 이곳저곳 기웃거리며 많은 경험을 한 것이 다른 사람들과의 차이점이라면 차이점이라고 말할 수 있을 것 같다. 학문적 토대가 빈약한 상태에서 책을 쓰려다 보니 많은 어려움이 따랐다. 내 생각이 제대로 표현되었는지, 남들이 공감할 수 있는 내용인지 의구심이 들 때마다 글을 멈추고 긴 공백을 가져야 했다.

이 같은 어려움을 겪을 때마다 아낌없이 격려하고 조언해준 길영로 선배에게 감사의 뜻을 전한다. 내 옆에서 틈틈이 하나하나의 단어들에 대해 확인 작업을 대신해 준 이준현 군에게도 고마움을 전하며, 지금 준비하고 있는 공무원 시험에 좋은 결과가 있기를 기원한다. 마지막으로 집안에 일이 생겨도 글을 쓴다는 핑계로 요리조리 빠져나갔는데, 꿋꿋하게 지원을 아끼지 않고 많은 도움을 준 이정림 여사에게 감사의 뜻을 전한다.

차례

1

천재들은
창의력의
프로세스를
알고
있다

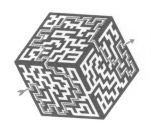

창의력이 있어야
기회를 잡을 수 있다

　사람들은 흔히 인생에 세 번의 기회가 있다고 말한다. 인생을 바꿀 절호의 기회를 뜻하는 말일 것이다. 그러나 그런 기회가 딱 세 번만 오는 건 아닌 것 같다. 적어도 나에게는 그보다 훨씬 많은 기회가 스쳐 지나갔고, 번번이 그 기회를 놓친 뒤에 후회했다.

　1990년대 초반, '유선방송법'이 입법화 되던 시절의 일이다. 당시 나는 회사의 신규 사업개발 프로젝트에 참여하고 있었다. 국내 여러 기업들이 케이블TV 방송사업에 참여하기 위해 준비하고 있었고, 내가 몸담고 있던 회사 역시 방송사업 참여를 진지하게 검토하였다. 미국이나 유럽의 선진국에서 이미 검증된 사업모델이었기 때문에 성공에 대한 확신이 있었다. 문제는 어느 분야의 방송 프로그램이 수익성이 더 좋은지를 판단하는 일이었다. 영화, 오락, 교양, 뉴스, 스포츠, 음악, 종교, 유아교육, 여성채널 등 선택 가능한 분야가 다양했다.

당시 생소한 채널 중 하나가 쇼핑채널이었다. 이미 해외에서 황금알을 낳는 사업이라는 사실이 검증되었지만, 국내에서 성공할 수 있을지는 미지수였다. 나를 비롯한 신규 사업개발팀 대부분의 실무자들은 쇼핑채널의 사업가능성을 높게 평가했다. 회사에서 이미 진행하고 있던 카탈로그 통신판매사업과 시너지를 일으킬 수도 있겠다고 생각했다. 그러나 반론도 만만치 않았다. 초기 유선방송 시청자 수가 3~4만 명 수준으로 매우 적었기 때문에 매출 효과를 기대할 수 없다는 것이 그 이유였다. 유선방송을 시청하기 위해서는 수신기를 달아야 했는데, 당시 국내 생산라인에 문제가 많아서 공급이 원활하지 않았던 것도 반대의 빌미가 되었다. 누가 방송을 보고 물건을 사느냐는 원론적인 의문도 존재했다.

사업 컨소시엄을 구성하기 위해 약 30억 원의 투자금이 요구되었다. 그러나 의사결정권자의 반응은 회의적이었다. 케이블TV 가입자 증가율이 지지부진했고, 투자금과 운영자금을 회수하기까지 너무도 긴 시간이 필요해 보였다. 결과적으로 진출 계획은 취소되었다.

그러다가 IMF와 함께 기회가 왔다. 시장 상황이 좋지 않던 시기여서 기존 케이블 홈쇼핑 업체에서 매각을 시도하려는 움직임을 보였다. 인수가격은 약 300억 원 정도였다. '몇 년 전만 해도 30억 원이면 진출할 수 있는 사업이었는데……' 몇 년 늦었다는 이유로 10배의 프리미엄을 준다는 건 너무 비싸보였다. 케이블 홈쇼핑 사업의 성장세가 한풀 꺾일 거라는 의견도 있었다. 결국 포기했다. 이후 그 홈쇼핑 업체는 지분매각을 철회했다.

IMF 사태를 조기에 극복하고 2000년을 맞이하게 되었다. 이제는 명확해 보였다. 조직 내부에서도 홈쇼핑 사업이 대박을 터뜨릴 거라는 데에 이견이 없었다. 3년 전에 지분 매각을 제의했던 회사에서 다시 제의가 왔다. 이번에는 3,000억 원이었다. 다시 내부적으로 홈쇼핑 지분 매수를 검토했다. 그 때도 결국 3,000억 원이라는 투자금액을 회수하려면 시간이 너무 많이 걸릴 거라는 판단을 내렸다. 또 다시 포기했다. 이 업체는 3년 전과 달리 다른 기업에 매각되었다.

다시 시간이 14년 흐른 2014년, 이 홈쇼핑 업체는 시가총액 3조 원에 달하는 기업이 되었다. 이미 지나가버린 일이지만 1990년대 중반에 출자금 30억 원을 들여 홈쇼핑 사업에 진출했더라면, 2014년에 약 1,000배의 시세차익이 생길 수도 있는 상황이었다.

예전에 함께 근무했던 사람들과 술자리를 할 때면, 늘 홈쇼핑 프로젝트 경험에 대한 이야기가 화제로 떠오른다. 정말 아쉬움이 많이 남는 프로젝트였기 때문이다. 실수의 원인에 대한 공통된 의견은, 변화가 너무 느리게 진행되는 바람에 사업에 대한 확고한 믿음을 가질 수 없었다는 것이다. 그런데 재미있는 사실은 변화의 속도가 너무 빨라도 제대로 대응하기 어렵다는 점이다.

2010년경, 인터넷 소프트웨어 회사에 근무하는 친구와 신규사업에 대해 의견을 나눌 기회가 있었다. 그 친구가 다니던 회사는 국내에서 보급률이 가장 높은 PC 메신저 프로그램을 보유하고 있었고, 그는 종합기획실장을 맡고 있었다.

당시는 스마트폰이 막 보급되던 초기단계였는데, 모바일 어플리케이션에 대한 수요가 급증할 거라는 예상이 쏟아지던 시기였다. 나는 그 친구에게 "PC를 기반으로 하는 메신저가 머지않아 모바일 메신저로 대체될 테니, 지금 당장 기존 PC 메신저를 모바일 메신저로 바꿔야 한다."고 조언했다. 그러나 그 회사는 변화를 수용하는 데 매우 소극적이었다. 모바일 메신저 사업이 휴대폰 문자메시지 사업의 수익을 잠식한다는 것이 첫 번째 이유였고, 모바일 메신저가 기존 메신저 시장을 아주 빠르게 잠식하지는 않을 거라는 생각이 두 번째 이유였다.

비슷한 시기에 한편에서는 '카카오톡'이 탄생하고 모바일 메신저 서비스를 시작하면서 점차 그 영역을 확장해 나가고 있었다. 그런 상황임에도 불구하고 그 회사는 환경변화에 무감각해 보였다. 외부환경보다도 회사 내부의 사업부서 간 이해관계 조정에 더 민감했다. 2013년 하반기에 접어들면서 '카카오톡' 사용자 수는 전 세계적으로 약 1억 명을 넘겼다. 탄생한 지 3년 만에 모바일 메신저 시장에서 대단한 성과를 이룩했고, 기존 PC메신저 업체들에게 결정적인 한방을 먹이게 되었다.

지금도 이해할 수 없는 것은 800여 명의 전문 인력을 가진 조직이 해외시장 개발은커녕 '카카오톡'에 기존 시장을 뺏겼다는 점이다. 뿐만 아니라 이제는 자신들의 생존기반까지도 위협 받고 있다. 조직 자체적으로 기술동향, 산업동향, 시장동향, 소비자동향까지 수시로 분석하고 있었지만 변화의 속도가 그렇게 빠르리라고는 생각하지 못한 것 같다. 이것은 앞서 살펴본 홈쇼핑 프로젝트 사례와 정반대되는 경우다.

불규칙한 속도와 복잡성 때문에 변화를 정확하게 감지하기가 무척 어렵다. 그래서인지 많은 사람들이 변화를 위험하고 피해야 할 대상으로만 여기는 경향이 있다. 그러나 어떤 변화든 그 안에 위험과 기회가 공존하고 있으며, 역설적으로 변화가 없다면 성장의 기회 또한 없다.

국내 기업들이 변화관리에 관심을 갖기 시작한 건 1997년 IMF 금융위기 전후부터다. 당시 변화관리 교육에 참석하면 기업의 영속성과 기대수명에 관한 이야기가 빠지지 않고 나왔다. 1990년대 후반만 하더라도 기업의 예상 기대수명은 약 30년 이상으로 알려져 있었다. 이후 2000년대 초반 여러 조사기관에서 발표한 자료에서는 국내 기업의 평균 기대수명이 20년 내외로 나타났다. 그러던 것이 2000년대 후반에 이르러서는 약 15년으로 짧아졌다.

나는 1989년 말부터 사회생활을 시작했다. 신입사원 시절, 부서 회식을 할 때면 임원들의 흘러간 무용담을 들을 수 있었다. 당시 임원들이 사원시절을 보낸 기업들은 대부분 내가 모르는 회사들이었다. 그들이 말하는 1960년대 국내 최고 기업은 동명목재, 판본방직, 경성방직, 대성목재 같은 회사들이었다. 자신들이 그 회사 출신이라는 점에 대한 자부심도 대단했다. 그들이 사원시절을 보내던 1960년대 당시, 삼성·현대·LG 같은 회사들은 지방에서 성장해서 중앙무대로 막 진출하기 시작한 신출내기 같은 수준이었다.

무용담을 전하던 선배들에게는 공통된 의견이 있었다. 그들 중 누구도 대성목재, 동명목재, 판본방직 등 과거의 기라성 같은 기업들이 사라질 거라고 생각하지 못했고, 삼성전자와 같은 신생기업이 세계적인 기업이 되리라고 상상하지 못했다는 것이다. 그런 이야기 끝에 그분들이 전하고자 했던 메시지는 "미래에 대한 상상력, 환경변화에 능동적으로 대응하는 창의력이 기업과 개인의 흥망을 좌우한다."는 점이었다.

그렇다면 기업과 개인의 흥망을 좌우하는 '상상력'과 '창의력'이란 도대체 무엇일까? 나는 상상력과 창의력을 분명히 구분하고 이해하는 것이 매우 중요하다고 생각한다. 그것이 결국 성과와 직결되기 때문이다.

비즈니스맨에게 필요한 건 상상력이 아니라 창의력이다

"강릉에서 8월 25일 사시에 해가 환하고 맑았는데, 갑자기 어떤 물건이 하늘에 나타나 소리를 냈습니다. 형체는 큰 호리병과 같은데 위는 뾰족하고 아래는 컸으며, 하늘 한가운데서부터 북방을 향하면서 마치 땅에 추락할 듯했습니다. 아래로 떨어질 때 그 형상이 점차 커져 3~4장 정도였는데, 색은 매우 붉었고 지나간 곳에는 연이어 흰 기운이 생겼다가 한참 만에 사라졌습니다. 그것이 사라진 뒤에는 천둥소리가 들렸는데, 그 소리가 천지를 진동했습니다."

이 글은 광해군 일기에 기록된 내용으로 강원도 관찰사 이형욱이 조정에 보고한 내용이다. 역사적 사실을 다루는 예능 프로그램에 가끔 소개되기도 하는 우리나라 최초의 UFO에 관한 기록이다. 이 기록은 2007년 만화《설희》를 비롯하여《품관일기》《유성의 연인》 같은 소설과 〈조선 X파일

기찰비록〉〈별에서 온 그대〉 같은 드라마의 소재가 되었다. 아주 짤막한 역사의 기록이지만, 창작을 하는 사람들의 상상력을 자극하기에는 충분했던 모양이다. 사람들은 이러한 창작물을 '상상력의 결과'라고 표현한다. 그러나 좀 더 명확히 표현하면 상상력보다는 '창의력의 결과'라고 하는 것이 정확하다.

창의력과 상상력의 근본적인 차이는 '목적지향성'과 '현실적 문제해결 가능성'에 있다. 상상력은 영어로 'Imagination'이다. '이미지를 그려보고 사고의 범위를 확산시킨다'는 의미를 가지고 있다. 그래서 상상력을 발산적 사고라고도 한다. 국어사전에서는 상상력을 '실제로 경험하지 않은 현상이나 사물에 대하여 마음속으로 그려 보는 힘'이라고 정의하고 있다.

인간의 일생을 통해서 상상력이 가장 풍부한 시기는 6~7세 이전의 유아기라고 한다. 이 시기가 지나면 상상력이 급격하게 떨어진다. 어린이들의 상상력이 풍부한 이유를 순수하고 천진난만하기 때문이라고 보는 견해도 있다. 그러나 엄격하게 따져보면 경험과 지식이 부족하기 때문에 상상력이 풍부하다고 말할 수 있다.

어린이들에게 바깥세상은 미지의 세계이며 신비로움이 가득한 세계이다. 그들이 세상을 이해하는 힘은 '익숙한 것'과 '그렇지 않은 것'을 연결하여 의미를 찾아내는 상상력에 있다. 어린이들의 상상력이 가지고 있는 근본적인 문제는 현실세계와 가상세계를 구분하지 못하는 데서 비롯한다. 현실세계와 가상세계에 대한 구분이 불명확하기 때문에, 어린이들에게는 가상세계를 마음껏 드나들 수 있는 특권(?)이 있다. 그러나 지식과 경험이 쌓이면서 이러한 특권이 점차 사라지게 된다.

그렇다면 상상력과 창의력은 어떤 점이 다를까? 아이가 종이 위에 새로운 형상의 그림을 그린 것은 창의력이 뛰어난 것인가 상상력이 풍부한 것인가? 이 경우는 창의력보다 상상력이 뛰어나다고 표현하는 것이 적절하다. 이에 비해 미술작가가 새로운 표현법으로 그림을 그리는 것은 창의력에 해당한다. 미술작가는 미술이라는 목적을 달성하기 위해 자신의 생각을 새로운 형식이나 내용으로 구현하기 때문이다. 이와 마찬가지로 광해군 일기에 기록된 단편적인 정보를 토대로 만든 만화나 소설, 드라마에는 작가의 목적의식이 포함되어 있다. 그리고 그 목적의식이 현실로 새롭게 구현되었다는 점에서 창의력의 의미를 찾을 수 있다.

창의력은 '문제해결을 위하여 새로운 개념을 찾아내거나 기존에 있던 것을 새롭게 조합해내는 능력'이라고 정의한다. 여기서 중요한 두 가지 요소는 '문제해결'이라는 목적과 '새롭게 조합'하는 방법이다.

문제해결은 '문제를 어떻게 정의하느냐'로부터 출발한다. 문제를 제대로 정의하지 못하면, 문제를 풀기는커녕 다른 문제가 생길 수도 있기 때문이다.

문제란 무엇인가? 문제는 '현재 상태와 바람직한 상태의 차이이며 해결을 요하는 사항'이다. 이 때 중요한 건 바람직한 상태에 대한 개념을 분명히 하는 일이다. 그래야 문제를 미래지향적이고 건설적으로 정의할 수 있기 때문이다. 바람직한 상태는 일반적인 정상 상태가 될 수도 있고, 추구하는 목적이 될 수도 있고, 회사의 중장기 경영계획 영역에서는 비전이 될 수도 있다.

비교적 규모가 큰 정보통신 회사의 강의 요청을 받고 사전미팅에 참석했을 때의 일이다. 나는 어떤 주제에 대한 강의가 필요한지 알아보기 위해

몇 가지 질문을 했다. 그러나 교육담당 직원의 대답은 기대와 달리 엉뚱했다. 그 담당자는 당장 실무에서 활용할 수 있는 내용이 좋겠다고 대답했다. 어찌 보면 현명한 요구사항처럼 보일 수도 있다. 그러나 이 대답은 요구보다는 소원에 가깝다. 요구사항이 추상적이기 때문이다.

교육담당자가 말한 '실무활용'이라는 목적에는 일의 범위와 수준이 빠져 있다. 일의 범위 측면에서 보면 일정관리 · 커뮤니케이션 · 문서작성 · 정보관리 등을 생각할 수 있고, 수준 측면에서는 단기과제 · 장기과제 · 조직단위의 업무 · 개인단위의 업무 · 기획단계 · 실행단계 등으로 구분해서 생각할 수 있다. 일의 범위와 수준을 조합하면 더 많은 영역들이 도출된다. 그 교육담당자는 이런 부분들을 생각하지 않고 추상적으로 요구사항을 제시했는데, 그 원인은 강의를 통해 해결해야 할 문제가 무엇인지 명확하지 않기 때문이다.

유능한 사람들의 특징 중 하나는 자신이 직면하고 있는 문제를 정확하게 정의한다는 점이다. 나는 가끔 친구들을 만날 때, "요즘 너는 문제가 뭐냐?"라고 묻는다. 그러면 대개 반응이 두 부류로 나뉜다. 아예 문제가 없다거나, 반대로 "힘들다." "죽을 맛이다."라는 식으로 엄살을 부린다. 이런 사람들의 공통적인 특징은 현재 마땅히 하는 일이 없거나 별 볼일이 없다는 점이다. 주위에 잘 나가는 사람들은 연락도 하기 어렵고 만나기도 힘들다. 그런 사람들을 1년에 한두 번 어렵게 만나서 동일한 질문을 하면 조금 다른 반응이 나온다. 그들은 문제를 비교적 구체적으로 표현하는데, 자기가 해결할 수 있는 것과 해결할 수 없는 것을 구분하거나, 단기적인 문제와 장기적인 문제로 구분해서 이야기를 풀어나간다.

새롭게 조합한다는 것은 '기존에 있던 것을 새롭게 조합하는 것'을 말한다. 창의력에 관한 오해 중 하나는 새로운 것을 만드는 데 있어서 재료구성이나 제작방법이 모두 새로워야만 창의적이라고 생각하는 것이다. 그러나 빌 게이츠도 언급한 것처럼 "하늘 아래 새로운 것은 없다. 단지 새로운 조합만 있을 뿐이다."

기존의 것들을 조합해서 공전의 히트를 친 대표적인 상품 중 하나가 〈뮤지컬 맘마미아〉다. 잘 알려진 것처럼 '맘마미아'는 스웨덴 혼성그룹 '아바'의 히트곡 제목이며, 〈뮤지컬 맘마미아〉는 아바의 히트곡들을 줄거리로 연결하여 뮤지컬 형식으로 만든 작품이다. 1999년에 초연을 시작해서 뉴욕 브로드웨이에서 1,500회, 라스베이거스에서 1,000회에 걸쳐 상연되었고, 전 세계 11개국에서 각 나라 언어로 무대에 올려 공전의 히트를 쳤다. 〈뮤지컬 맘마미아〉를 두고 아바의 작품을 단순 표절했다거나 모방한 작품이라고 평가하는 비평가는 없을 것이다. 기존의 음악에서 모티브를 얻어 새롭게 조합한 작품이기 때문에 창작물로 보는 것이다.

다시 한 번 창의력에 관한 개념들을 정리해 보자. 창의력은 "문제해결을 위하여 새로운 개념을 찾아내거나 기존에 있던 것을 새롭게 조합해내는 능력"이다. '문제'는 현재 상태와 바람직한 상태 사이의 차이이며, 이 차이로부터 과제가 만들어진다. 이 과제를 해결하는 것이 바로 창의력의 목적이 된다. 이 목적을 달성하기 위해 '새로운 개념을 찾아내거나 기존의 것을 새롭게 조합하는 것'이 창의력을 발휘하는 일이다.

기업에서 창의력을 주제로 강의할 때, 나는 참가자들을 대상으로 '이미지 게임'을 하게 한다. 게임의 방식은 이렇다. 먼저 참가자들을 몇몇 소 그룹으로 나눈 뒤, 각 그룹마다 한 명씩을 선정하여 그 사람에게만 단어를 보여준다. 그런 다음 그 단어를 종이 위에 그림으로 그려 나머지 사람들이 맞추도록 하는 방식이다.

지방의 어느 기업에서 이미지 게임을 진행할 때 생긴 일이다. 소그룹에서 선정된 사람들에게 '콜럼버스'라고 적힌 카드를 보여주었는데, 그 중 한 사람이 콜럼버스가 누군지 모르겠다는 반응을 보였다. 아메리카 신대륙을 발견한 사람이라고 귓속말로 설명을 했는데도 여전히 모른다는 반응이었다. 그런 경우를 처음 겪는 터라 나도 약간 당황했다. 그러나 워크숍의 흐름을 끊을 수 없어서 그냥 진행하도록 했다. 참가자가 모를 수 있는 단어를 준비했다는 미안한 마음도 들었고, 다음에는 새로운 단어를 준비해야겠다는 생각도 했다.

그런데 이게 웬일인가? 콜럼버스를 모른다던 사람이 속한 그룹이 제일 먼저 답을 맞히는 게 아닌가? 콜럼버스가 누구인지 몰랐던 그 참가자는 영화 〈반지의 제왕〉에 나오는 '골룸'과 교통수단인 '버스'를 그려서 팀원들에게 보여주었다. '골룸'과 '버스'를 새롭게 조합하여 '콜럼버스'라는 대답을 구하는 창의력을 발휘한 것이다.

이 사례를 통해 창의력은 상상력과 달리 목적지향적이라는 것을 알 수 있다. 목적지향적이라는 말은 어떤 일을 할 때 '이 일은 무엇을 위한 것인가?' '이 일의 목적을 달성하기 위해 다른 수단이나 방법은 없는가?' '여러 수단과 방법 중에 어떤 것이 좋은가?' 등을 고려한다는 뜻이다.

골룸과 버스를 그린 참가자에게는 명확한 목적의식이 있었다. '제시 단어는 내가 알아야 하는 것이 아니라 팀원이 알아야 하는 것'이라는 점에 목적을 둔 것이다. 만약 자신에게 초점을 맞추었다면 아무 생각도 나지 않았을 것이고, 어떤 조치도 취하지 못했을 것이다. 그러나 그는 목적을 명확히 알았고, 그 덕분에 자기가 이해하고 있는 개념을 쉽게 정리해서 설명할 수 있었다.

사람들은 익숙한 일을 하면서도 그 일을 왜 하는지 종종 잊어버리곤 한다. 새로운 분야의 일을 할 때는 목적을 잊는 정도가 아니라 아예 모르고 하는 경우도 많다. 분명한 목적의식을 갖기 위해서는 그 일을 함으로써 얻게 되는 기대효과를 점검하고, 혹시 또 다른 대안이 있는지, 이것이 최선의 방법인지를 생각해보는 습관을 들여야 한다.

팩트 중심 사고는
모든 것의 기본이다

창의력은 '문제해결을 위하여 새로운 개념을 찾아내거나 기존에 있던 것을 새롭게 조합해 내는 능력'이다. 쉽게 다른 말로 표현하면 '새로운 생각이나 물건을 만드는 능력'이라 말할 수 있다. 새로운 생각, 새로운 물건을 만드는 아이디어에는 다양한 요소들이 포함되어 있다. 아이디어를 구성하는 각 요소들은 반드시 '팩트'이어야 하며 이러한 조건이 성립하지 않으면 새로운 생각과 물건은 의미가 없다. 팩트는 '입증할 수 있는 사실'을 말하며, 팩트에 기초하지 않은 창의력은 모래 위에 지은 집과 같다.

점점 기억에서 사라져가고 있지만, 2008년 글로벌 금융위기 사태를 결정적으로 악화시킨 큰 사건이 있었다. 미국의 '버나드 매도프 LLC'라는 회사가 투자금으로 고객들로부터 유치한 650억 달러를 날린 사건이다. 아마도 세계 역사상 가장 큰 금융사건 중 하나일 것이다. 이 사건으로 회사의 창업자인 버나드 매도프Bernard Madoff는 사기혐의로 유죄판결을 받고 교도소에 수감되었다. 유죄판결의 형량은 150년으로 평생을 감옥에서 보낼 운명이 되었다. 그의 사기 기법은 '폰지Ponzi'라고 불리는 기법으로, 찰스 폰지Charles Ponzi라는 사람의 이름에서 유래하였다.

제1차 세계대전이 끝난 이후, 찰스 폰지는 고수익을 미끼로 사람들로부터 투자금을 유치하였다. 당시 미국과 유럽 사이의 우편사업을 국제우편연합International Postal Union이라는 기구에서 담당하고 있었는데, 여기서 발매하는 국제우표반송쿠폰IRC : International Reply Coupon을 미국과 유럽에서 동일하게 사용할 수 있었다. 그런데 이 쿠폰은 미국과 유럽에서 팔리는 가격이 달랐다. 예를 들어 유럽에서 쿠폰 1장당 가격이 1달러였다면 미국에서는 2달러였던 것이다. 찰스 폰지는 이 점에 착안하여 가격 차이를 이용한 '차익거래 사업모델'을 만들고 투자자들을 모았다. 겉보기에는 유럽에서 사서 미국에 내다 팔면 100% 남는 장사처럼 보였다. 폰지는 투자자들에게 처음 45일 동안은 원금의 50%, 90일 동안은 원금의 100%라는 수익률을 제시했다. 소문은 삽시간에 퍼졌고 순식간에 약 1억 달러가 넘는 막대한 투자금이 유치되었다.

그러나 이 사업모델에는 몇 가지 팩트가 아닌 것들이 포함되어 있었다. 그 중 하나는 쿠폰의 환전기간이었다. 국제우편연합에서는 이 쿠폰을 일정기간 동안 현금화 하는 것을 제한하고 있었는데, 그 기간은 폰지가 제시한 환전기간보다 훨씬 길었다. 더 치명적인 문제는 규모였다. 연간 발행하는 쿠폰의 총 수량은 4만장이었고, 그 중 유럽에서 유통되는 것은 2만장도 되지 않았다. 여기서 팩트는 사업규모가 4만 달러를 넘어갈 수 없는 구조라는 점이다.

찰스 폰지는 투자자들에게 수익금을 배당하기 위해서 나중에 투자한 사람들의 자금을 활용했다. 쉽게 말해서 '돌려막기'를 한 것이다. 이것이 유명한 폰지 기법이며 사람들을 속이는 비즈니스 전략(?) 중 하나다.

버나드 매도프도 마찬가지였다. 투자금을 부동산 관련 파생상품에 투자하고 투자자들에게는 안정된 고수익을 보장했다. 그런 다음 수익률을 맞추기 어렵게 되자, 나중에 투자한 고객의 원금을 이전에 투자한 고객의 수익금으로 배당했다. 결국 버나드 매도프가 구상한 사업은 망했고, 그는 사기꾼이 되었다.

사업하는 사람들이 공통적으로 하는 말이 있다. '사업은 종합예술이며 수많은 고리를 만들고 연결하는 것'이라는 말이다. 예를 들어보자. 제품과 서비스를 만들기 위해서는 기술, 사람, 자금 그리고 그 제품과 서비스를 이용할 고객들이 있어야 한다. 사업을 구성하는 수많은 요소들이 연결되고 운영되어야 제대로 된 사업의 형태를 갖출 수 있다. 규모가 작은 신규사업은 그럭저럭 자체 조달이 가능하다. 그러나 사업의 규모가 커지면 독자적 형태로는 운영할 수가 없다. 컨소시엄이든 투자유치든 공동으로 사업구조를 만들고 실행할 수밖에 없다. 이것이 문제다. 사업의 수많은 고리 중에 하나라도 끊기거나 없어지면 사업구조 전체가 무너지게 된다.

신규사업의 경우는 더욱 그렇다. 대형 신규사업은 그 무엇보다 창의력이 요구된다. 사업 아이템의 아이디어나 실행방식이 참신하고 새로워야 하며, 새로운 시장을 창출할 수 있어야 한다. 신규사업을 구성하는 모든 요소들이 완벽하지 않으면 사업 자체가 돌아가지 않는다. 구성요소의 완벽성은 팩트에 의해서 결정된다. 신규사업들이 망하는 대부분의 이유가 여기에 있다. 사업은 다양한 요소들이 팩트라는 고리로 연결되어야 한다. 여러 고리 중에 팩트가 아닌 것이 있으면 고리가 끊긴다. 고리가 끊긴다는 건 망하는 것을 의미한다.

내가 기업에서 신규사업개발을 맡고 있었을 때의 일이다. 부동산을 개발하기 위해 사업계획을 꾸리던 단계였다. 이 단계에서 중요한 일은 부지 선정과 시장성 검토다. 부지가 선정되면 각 필지 별로 땅 주인들을 찾아다니며 부지 매도 의사를 타진한다. 그런 다음, 땅 주인들 모두가 소유 부동산을 사업 시행사 측에 매도한다는 확인을 받고, 공사를 담당할 대형건설 회사를 찾아 시공보증을 받으면 부동산 개발 계획이 일단락된다. 이러한 내용을 계획서에 담아서 금융권에 대출을 요청하면 작게는 수백 억, 크게는 수천 억 원에 이르는 자금이 움직이게 된다.

당시, 나를 비롯하여 많은 실무자들이 한 달 가까이 집에도 들어가지 못하고 부동산 개발 관련 아이디어를 구체화시키는 작업에 매달렸다. 그런데 계획서를 완성하고 대형건설사와 보증계약을 맺는 단계에서 문제가 발생했다. 대상 부지의 땅 주인 중 몇 명이 매도 의사가 없다고 밝혀온 것이다. 확인 결과, 우리 측 담당 실무자가 땅 주인의 애매한 의사표시를 자기 나름대로 해석했다는 사실이 밝혀졌다. 팩트가 정확히 확인되지 않은 계획단계의 상황은 '대상 부지 전부를 매수할 수 있다'였다. 하지만 실행단계에서는 '대상 부지의 일부만 매수할 수 있다'로 상황이 바뀐 것이다. 정말 치명적인 오류였다.

결국, 시공을 담당할 건설사로부터 '보증계약 불가' 통보를 받았고, 한 달 동안의 고생이 물거품이 되어버렸다. 이 과정에서 아무리 좋은 아이디어와 창의적인 계획을 가지고 있어도 철저하게 팩트에 기반을 두지 않으면 '말짱 도루묵'이라는 사실을 뼈저리게 느끼게 되었다.

요즘 케이블방송의 토크쇼나 시사토론을 보면 출연자들이 팩트라는 용어를 자주 쓰는 모습을 보게 된다. 그런데 가만히 들어보면 의견인 내용을 팩트라고 말하는 경우가 종종 있다. 마찬가지로 일상생활에서도 팩트와 의견의 차이를 확실하게 알고 있어야 불필요한 갈등을 피할 수 있다.

팩트는 현상을 분석하고 의사결정을 하기 위한 절대적 필요조건이다. 그러나 현실은 그렇지 못한 경우가 많다. 객관적인 것을 보지 못하고 주관적으로 인식하여 심리적 오류를 범하는 경우를 자주 보게 된다. 우리나라의 역사적 사건 중에 팩트와 의견이 충돌하여 발생한 문제를 잘 보여준 사례가 있다. 임진왜란 발발 직전에 일본에 다녀온 조선통신사들의 현지 상황 보고가 바로 그것이다.

당시 조선통신사를 총괄했던 정사 황윤길은 일본이 조선을 침공할 가능성이 있다는 의견을 제시했다. 그러나 같이 다녀온 부사 김성일은 일본의 침공 가능성을 부인했다. 머나먼 일본 땅을 함께 다녀 온 정사와 부사가 상반되는 의견을 내놓았기 때문에 두고두고 이야깃거리가 되고 있다.

이러한 시각차이의 원인은 나중에 밝혀지게 된다. 임진왜란 이후 유성룡이 작성한 〈징비록〉에 따르면 부사 김성일도 일본이 조선을 침공할 가능성이 있다고 생각했으나, 침공할 가능성이 있다고 이야기 할 경우, 불안감으로 인해 조선 사회에 큰 혼란을 야기할 수 있다는 생각으로 정사 황윤길과 다른 의견을 내놓은 것이라고 한다.

여기서 의미 있게 봐야 할 사항은 영향평가, 즉 '조선 사회에 큰 혼란을 야기할 수 있다'는 부사 김성일의 의견이다. 김성일이 생각한 '영향'은 자신의 상상력에서 나온 것이다. 미래에 벌어질 상황에 대해서는 어느 누구도 장담하거나 확신해서는 안 된다. 만약 조선통신사들이 팩트와 의견을 구분하고 상황을 분석했다면, 역사는 또 다른 방향으로 전개되었을지 모른다. 그러나 아쉽게도 역사에는 '만약'이 존재하지 않는다.

창의력을 발휘하기 이전에 선행적으로 갖춰야 할 두 가지 기본요건에 대해 살펴보았다. 하나는 '목적지향적 사고'이고 또 하나는 '팩트 중심 사고'다. 기본을 지키는 일은 중요하다. 창의력 이전에 목적지향적 사고와 팩트 중심 사고, 이 두 가지 기본만 제대로 몸에 익히고 있어도 많은 문제를 해결할 수 있다. 팩트가 전제되지 않은 창의력은 버나드 매도프의 사례에서처럼 많은 사람들을 힘들게 만들 수 있다. 지금부터 이어질 주제는 순전히 창의력과 관련된 내용들이다. 그 이전에 기본에 대해서 심도 있게 다룬 이유는, 사소하고 기초적인 문제 때문에 창의적인 업적이 한방에 '훅' 갈 수 있다는 우려 때문이다.

창의력은 어떤 프로세스를
거쳐 탄생하는가

창의력 하면 직관, 영감, 통찰 등과 같은 능력과 비교해서 설명하거나 어느 날 갑자기 무의식적으로 튀어나오는 사고능력으로 이해하는 경우가 많다. 직관, 영감, 통찰 등의 능력은 일정한 과정을 거쳐서 생긴다고 설명하기 어려운 영역이다. 그러다 보니 창의력 개발에 대한 대부분의 설명들이 추상적이고 논리적으로 비약이 있는 것이 현실이다. 또한 창의력에 대한 신비감 때문에 일부 전문가들은 창의력이 일정한 프로세스를 거쳐서 만들어진다는 것에 대해 노골적인 반감을 드러내기도 한다.

프로세스를 모르면 모든 것이 갑자기 만들어지는 것처럼 보인다. 그러나 세상을 놀라게 한 창의적 업적들을 자세히 분석해 보면 일정한 과정을 거쳐서 탄생했다는 사실을 알 수 있다. 우리는 이를 통해서 창의력이 만들어지는 메커니즘Mechanism을 밝혀내고 창의력 개발방법을 찾을 수 있다.

그럼 창의력이 어떤 과정을 거쳐서 만들어지는지 살펴보도록 하자.

영화제작 및 배급사인 20세기 폭스, 유니버설 스튜디오, 워너브라더스, 미국의 3대 방송매체인 ABC, CBS, NBC, 미국의 신문사인 LA타임스, 뉴욕타임스, 워싱턴포스트의 공통점은 무엇인가? 바로 유태인이 만들었거나 유태인이 대주주인 기업들이라는 점이다. 세계적으로 머리가 가장 우수한 민족을 말할 때, 사람들은 가장 먼저 유태인을 떠올린다. 약 70억 명이 넘는 세계 인구 중 유태인은 약 1,400만 명으로 전체의 0.2% 수준이다. 그러나 미국 유명 대학 교수 중 유태인의 비율은 약 30% 수준이며 역대 노벨 수상자 중 20% 정도가 유태인이라고 한다.

유태인의 교육방식은 전 세계적으로 유명하다. 그들은 어려서부터 창의력을 발휘할 수 있도록 두뇌교육에 역점을 둔다. 학교에서는 학생들에게 많은 자료를 수집하게 하고, 수집한 자료들 속에 어떤 흐름과 규칙이 있는지를 찾게 한다. 유태인 교사들은 학생들이 많은 정보를 어떻게 정리하고, 여러 특징들을 어떻게 연결하는지 살펴보며 학업성과를 평가한다. 이러한 교육방식은 많은 사람들을 세계적으로 영향력 있는 인물로 만드는 데 기여하였다.

영화 〈아마데우스〉에 나타난 모차르트의 인생 이야기에서도 창의력을 어떻게 개발하고 활용했는지를 살펴볼 수 있다. 영화에 등장하는 '살리에리'라는 인물은 이탈리아 평민의 아들로 태어나 혼신의 노력으로 음악에 전념한다. 결국 그는 비엔나 최고의 인기 음악가 반열에 오르고 슈베르트, 베토벤 같은 음악 신동들의 스승이 되었으며, 마침내 신성 로마제국의 황제 요제프 2세의 음악교사가 되는 영예까지 얻게 된다.

그러던 어느 날, 살리에리가 궁중에서 황제에게 바치는 곡을 피아노로 연주하게 된다. 그때 어린 모차르트가 갑자기 나타나서 살리에리의 곡을 마음대로 바꿔버린다. 모차르트가 즉흥적으로 편집한 멜로디는 살리에리가 죽을 힘을 다해 만든 원곡보다 훨씬 더 세련되고 멋진 곡이었다. 이때부터 살리에리는 건방지고 오만한 모차르트를 미워하게 되고 급기야 신까지 증오하게 된다. 이 장면에서 살리에리의 명대사가 나온다.

"신이시여! 왜 저에게 욕망만 주고 재능은 주지 않으셨습니까?"

인간적이고 성실했던 살리에리에게 모차르트의 능력은 그야말로 신으로부터 수여받은 절대적인 권능처럼 보였을 것이다. 그러나 모차르트가 보여준 능력은 자유롭고 즉흥적인 것이 아니라 16마디에 미리 만들어 놓은 11개의 멜로디를 무작위로 배치하는 '주사위 작곡법'을 대입한 것이었다. 이 작곡법에 따르면 무려 1,116 가지의 곡을 창작할 수 있었다. 어린 모차르트는 음악 창작의 순서와 과정을 이해하고 각 단계별로 즉흥적인 자신의 개인기를 대입하여 곡을 만들었던 것이다.

새로운 것을 만들기 위해서 체계적인 절차와 프로세스가 중요하다는 사실을 모차르트의 주사위 작곡법 사례에서 알 수 있다. 음악에 있어서 그 누구보다도 성실하고 진지했던 살리에리가 모차르트의 작곡 프로세스를 알았더라면, 아마도 다른 스토리가 전개되었을 거라는 생각을 해 본다.

창의력이 절차를 거쳐서 나오는 것이라고 말하면, 사람들은 의아하다는 반응을 보인다. 절차를 거쳐 나온다면 그게 무슨 창의력이냐는 것이 그 이유다. 아마도 절차라는 형식이 상상력과 창의력을 방해할 수 있다는 막연한 생각 때문인 듯하다.

많은 위대한 발견과 발명이 우연히 탄생한 것처럼 보이곤 한다. 그러나 그런 업적을 이루어낸 사람들에게는 그들만의 절차와 형식이 있었다. 꼭 천재가 아니더라도 일을 잘하거나 성공한 사람들에게서 찾을 수 있는 특징 역시 자신만의 목표와 계획을 충실히 따른다는 점이다. 절차를 제대로 알고 단계별로 에너지를 집중하는 것이 일의 성패를 결정짓는 핵심이라고 해도 과언이 아니다. 창의력을 단계별로 구분하고 그 과정을 이해하려는 이유 역시 이와 다르지 않다.

미국의 어느 대형 할인마트에서 있었던 일이다. 이 대형 할인마트에서 한 여고생에게 수유패드, 젖병, 기저귀 등 출산용품 관련 판촉 우편물을 보냈는데, 이것이 문제가 되었다. 여고생의 부모는 해당 할인마트에 강력하게 항의했고 할인마트는 곤욕을 치르게 된다.

그런 일이 있은 지 한 달 후, 여고생은 부모에게 자신의 임신 사실을 털어놓았다. 여기서 이상한 점은 부모와 친한 지인조차 몰랐던 여고생의 임신 사실을 할인마트에서 어떻게 알았느냐는 점이다. 알고 보니 그 할인마트는 고객정보시스템에 담긴 정보를 토대로 임신한 여성들이 향이 없거나 순한 화장품을 산다는 패턴을 파악하고, 해당 제품을 구입한 여성 고객들에게 출산용품 판촉물을 보냈다고 한다. 이 과정 속에 창의력이 만들어지는 프로세스의 비밀이 숨어 있다.

창의력 프로세스의 첫 번째 단계는 관찰이다. 관찰한다는 것은 현상을 객관적으로 살펴보는 것이다. 관찰은 새로운 발견을 가능하게 한다. 발명 또한 관찰한 결과를 모방하여 얻을 수 있다. 관찰은 모든 창의적 활동의 출발점이며, 보는 것뿐만 아니라 청각 · 미각 · 후각 · 촉각 등 인간의 오감을 활용하여 살펴보는 모든 것이 관찰이다.

관찰에서 중요한 것은 팩트 정보다. 팩트라는 객관적인 사실 정보를 확보하기 위해 관찰단계에서 '개인차에 의해 발생하는 주관적 인식을 어떻게 제거할 것인가?'에 대한 해결방법도 같이 고민해야 한다.

마케팅의 출발점은 소비자의 행동을 관찰하는 것이며, 마케팅을 위한 관찰의 목적은 소비자의 니즈Needs를 파악하는 것이다. 소비자들이 무엇을 원하는지 그 마음을 읽을 수 있다면 사업의 성공을 보장받을 수 있다.

예를 들어 소비자가 넥타이를 구매했을 때, 단순히 넥타이의 가격이나 선호 브랜드로 소비자 성향을 파악하면 주관적인 요소가 개입될 여지가 많다. 소비자들은 넥타이를 구매할 때 기능성과 디자인을 상당히 중요하게 여기기 때문이다. 따라서 넥타이의 소재나 디자인 등을 함께 구분해 놓으면 소비자 성향을 파악하는 데 도움이 된다. 이와 같이 관찰단계는 목적에 부합하는 관찰 대상과 영역을 구분하고 필요한 팩트 정보를 얻는 과정이라고 말할 수 있다.

두 번째 단계인 기호화는 관찰을 통해 얻은 팩트를 정보화하는 단계다. 팩트를 설명하거나 표현하기 위해서 문자나 그래프, 도표 등을 활용하는 과정이라고 할 수 있다. 기호화된 정보는 현상을 극히 단순화시킬 수 있고, 인식의 범위를 넓힐 수 있다. 그러나 문제는 경험과 지식을 정확하게 표현하고 기록하는 기호화 과정이 쉽지 않다는 점이다.

이 책에서는 대표적인 기호화 도구인 차트Chart, 지표Index, 심벌Symbol 등을 살펴볼 것이다. 이 기호들이 만들어지고 활용되는 과정을 이해함으로써 정보축적의 의미를 확인할 수 있을 것이다.

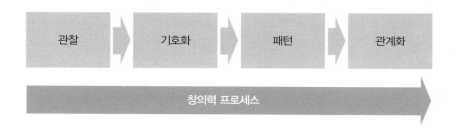

다시 할인마트 사례로 돌아가 보자. 일반적으로 유통업체의 고객거래정보는 상품의 브랜드, 가격, 수량, 거래일자 정도이다. 고객이 구입한 상품의 기능, 디자인, 특성 등에 대한 정보는 해당 유통업체에서 별도로 정의하고 입력해야 비로소 축적이 가능해진다. 화장품이라는 상품을 스킨, 로션, 에센스 등으로 구분하는 것은 물론이고 향에 대한 특성, 기능에 대한 특성 등이 관찰의 목적에 맞게 기록되어야 앞의 할인마트와 같은 판촉이 가능하다.

실제로 이렇게까지 정보를 세분화하여 데이터로 가지고 있는 곳은 거의 없다. 그러나 앞의 할인마트의 경우에는 상품에 대한 세세한 특성을 구분하고 구체적으로 고객거래 정보를 축적하여, 고객들의 취향을 파악할 수 있는 경험과 지식을 시스템에 구축했다고 볼 수 있다.

세 번째, 패턴 단계는 기호화를 거치며 축적된 정보를 바탕으로 일정한 규칙을 찾는 단계다. 패턴 단계에서 찾고자 하는 것은 '반복되는 규칙'이다. 앞의 할인마트에서는 출산용품을 사는 고객이 화장품을 동시에 구매하는데, 그 화장품의 특성은 순하거나 향이 거의 없는 상품이었다는 사실을 발견하였다. 이를 확인한 마케팅 담당자는 특정 여성고객들이 순한 화장품과 출산용품을 동시에 구매하는 현상을 소비자 패턴으로 인식하게 된다. 이러한 패턴을 발견하게 된 것은 할인마트에서 상품의 특성을 분류하고 고객의 거래정보를 축적했기 때문에 가능했다. 이와 같이 복잡하게 움직이는 현상에서 반복되는 흐름과 질서를 찾아내는 것이 패턴 구성의 목적이다.

마지막 단계인 관계화는 패턴과 현상을 연결하거나 패턴과 패턴을 연결하여 새로운 가설을 발견하고 검증하는 단계다. 이 단계는 관계인식과 관계검증 단계로 구분된다. 관계인식 단계에서는 가설수립을 위한 인과관계, 계층관계, 모순관계 등을 다룬다. 그런 다음 새로운 가설이 사실인지 아닌지를 확인하는 검증 단계가 이어진다.

앞의 할인마트에서는 '평소와 다르게 순하거나 향이 없는 화장품을 쓰면 임신한 여성이다'라고 추측했다. 그리고 이를 토대로 '임신한 여성을 대상으로 출산용품이나 유아용 가구용품 판촉활동을 하면 판매성과가 신장될 것이다'라고 다시 추측했다. 그러나 이 모든 것은 가설에 불과하다. 가설은 반드시 검증과정을 거쳐서 실현 가능성을 확인해야 한다.

실제로 이 할인마트에서는 순한 화장품만을 구매한 고객들에게 출산용품에 대한 판촉물을 우편으로 보냈고, 출산용품을 구매한 고객들에게는 순하고 향이 약한 화장품 판촉활동을 벌였다. 이 과정에서 미성년 여성에게까지 출산용품과 관련된 판촉물을 보내게 되어 고객들로부터 거친 항의를 받은 것이다.

어쩌면 임신한 여성이라는 사실만으로 출산용품 판촉물을 보내는 것 자체가 의미 없는 일일 수도 있다. 임신한 여성이 출산용품을 백화점이나 전문매장에서 사는 경향이 강하거나, 다른 지인들의 선물에 의존할 수도 있기 때문이다. 더불어 임신한 여성이 출산용품 이외에 전자제품, 가구용품, 주방용품 등 다른 상품에 관심이 있는지도 확인해야 했다. 어떤 할인마트에서는 임신한 여성들에게 고가의 유아용 가구용품을 팔면서 출산용품을 사은품으로 제공했더니 고객 유입효과가 훨씬 더 좋았다는 결과도 있었다. 이는 관계화를 통해서 새로운 가설들을 수립하는 것은 물론 새로운 가설들이 현실에 부합하는가에 대한 검증작업이 반드시 필요하다는 것을 보여준다.

지금까지 간단하게 창의력이 만들어지는 4단계 프로세스에 대해 알아보았다. 중요한 것은 디테일이다. 참신하고 새로운 '알맹이' 있는 작품을 만들기 위해 창의력 프로세스를 이해하고 적극적으로 적용해 보기 바란다.

2

위대한
업적은
관찰로부터
출발한다

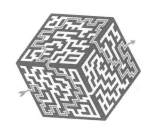

관찰하면 예측할 수 있고
예측하면 대처할 수 있다

"여자의 마음을 알고 싶다면 무엇부터 관찰해야 할까?"

지인들과의 회식 자리에서 한 선배가 던진 질문이다. 그 선배가 하는 일은 장사다. 그는 사업이라는 말보다 장사라는 말을 더 좋아한다. 장사의 개념이 사업보다 단순하다는 것이 그 이유였다. 그 선배는 복잡한 것을 무척이나 싫어한다. 본인 인생에서 '단순함'이 최고의 가치라는 점을 만날 때마다 강조하곤 했다. 특정한 아이템 없이 이것저것 닥치는 대로 하는 타입이었지만 돈을 꽤나 잘 벌었다. 한마디로 돈 냄새를 기막히게 잘 맡는 사람이었다.

그래서일까? 그가 갑자기 던진 질문에 모두들 관심을 기울였다. 선배의 주장은 여심을 알기 위해서는 핸드백과 신발을 잘 관찰해야 한다는 것이었다. 그가 그런 확신을 가질 수 있었던 건, 자신이 대량으로 유통시킨 여성 신발이 히트를 쳤기 때문이다. 그 신발은 바로 에스키모 부츠라고도 불리는 '어그부츠'였다.

그 선배는 일과의 대부분을 강남대로에 있는 커피숍에서 보낸다. 그곳 창가에 앉아서 지나가는 여자들의 핸드백과 신발을 유심히 관찰한다. 모든 세상의 변화는 여자의 핸드백과 신발로부터 시작된다고 굳게 믿고, 남들보다 빠르게 핸드백과 신발의 유행을 감지하여 그에 맞는 상품을 대량으로 유통하는 것이 그의 유일한 장사전략이다.

"예측하기 위해서 관찰하고, 대처하기 위해서 예측한다."

현대 사회학의 대부로 일컬어지는 프랑스의 사회학자 '오귀스트 콩트Auguste Comte'의 말이다. 관찰은 현재와 과거의 사실들을 파악하는 것이다. 대부분의 사람들은 현재와 과거에 대한 관찰보다 모르는 사실들에 대한 추론과 예측이 더 중요하다고 생각한다. 그러나 콩트는 철저한 팩트 중심의 관찰이 인간 사회의 원리와 법칙을 찾는 출발점이라고 강조했다. 콩트가 말한 '관찰, 예측, 대처'라는 일련의 과정은 창의력 프로세스의 관찰 단계에 동일하게 적용된다. 즉, 모든 일은 반드시 '관찰'에서 시작해야 하며, 관찰을 통해 '예측'하는 목적은 '대응'이다.

영국 버진Virgin그룹의 총수이자 탐험가인 리처드 브랜슨 회장은 이 같은 일련의 과정을 몸소 실천하고 있는 살아 있는 사례다. 그의 사업 성공담 뒤에는 현상에 대한 관찰과 환경에 대한 대응이라는 수식어가 항상 따른다.

리처드 브랜슨은 17살에 고등학교를 중퇴하고 〈스튜던트 Student〉라는 잡지로 사업을 시작한다. 당시는 비틀즈, 롤링스톤즈 같은 밴드그룹의 인기가 하늘을 찌르던 시기였는데, 안타깝게도 그들의 뉴스를 다루는 매체가 없었다. 브랜슨은 이러한 현상을 예의주시하다가 학생들을 대상으로 하는 잡지사업을 시작하게 된다. 그렇게 시작된 회사가 바로 버진이다.

사업 초기에는 그의 생각이 어느 정도 들어맞아서 일이 순조롭게 진행되었다. 그러나 주머니가 빈약한 학생들이 점점 잡지보다 음반을 구입하는 데 돈을 쓰려 하였고, 브랜슨도 그러한 변화를 인식하게 된다. 돌파구를 모색하던 브랜슨은 잡지에 음반 구입 할인쿠폰 광고를 게재하였고, 더 나아가 음반 통신판매를 시작하여 대성공을 거두게 된다.

비즈니스에서 관찰은 변화를 파악하고 트렌드를 읽기 위해 필수적인 요소다. 보수적이거나 고집이 센 사람들의 창의력이 낮은 이유는 자기주장에 사로잡혀서 외부환경에 대한 관찰을 등한시하고 변화의 흐름을 놓치기 때문이다.

관찰을 통해서 새롭게 발견하고 발명한 사례는 여러 분야에서 쉽게 찾아볼 수 있다. 여성과 달리 남자들에게만 나타나는 특징 중 하나가 수염이다. 수염은 머리카락보다 성장속도가 2배 정도 빠르다. 머리카락은 하루에 1~2mm 정도 자라는 반면, 수염은 하루에 2~4mm 정도 자란다. 지금은 예전과 조금 달라지긴 했지만, 여전히 직장인의 표준 드레스코드는 어두운 색 양복과 하얀 와이셔츠, 말끔한 면도가 기본이다. 아침에 바쁘게 출근을 준비하다 보면 면도를 까먹는 경우가 종종 있다. 이럴 때면 출근길에 편의점에 들러서 일회용 면도기를 구입해 실수를 만회하는 경우가 많다. 일회용 면도기가 없던 시절에는 면도하는 일이 보통 불편한 게 아니었다. 직장인의 일상을 편리하게 바꿔놓은 일회용 면도기의 탄생에도 재미있는 일화가 숨겨져 있다.

19세기말, 미국 어느 회사의 영업직원이었던 '킹 캠프 질레트'도 고객과 만나기 위해 외모를 깔끔하게 다듬는 일에 신경을 썼다. 그에게 면도는 무척 번거로운 일이었다. 이제는 호러 영화에나 가끔씩 등장하는 것이 전부지만, 질레트가 활동하던 19세기만 해도 대다수의 남자들이 과도 크기의 면도칼을 사용했다. 칼날이 잘 들지 않으면 수염이 잘 깎이지 않았고 피부도 쉽게 손상을 입었다. 칼날을 세우기 위해 매번 연마기에 칼을 가는 일도 번거롭기 짝이 없었다.

영업사원 질레트는 면도칼이 크고 불편하다는 점에 주목했다. 그는 자신이 가진 모든 것을 투자하여 일회용 면도기 개발에 착수한다. 면도를 위해 필요한 부분의 칼날만 활용할 수 있도록 일회용 면도날을 고안한 것이다. 질레트가 일회용 면도날을 처음 개발했을 당시, 시장반응은 뜨뜻미지근했다. 출시 첫해에는 면도기 50여 개와 면도날 200개도 안 되는 저조한 판매실적을 기록한다. 그러나 이듬해에는 면도기 9만 개와 면도날 1,300만 개를 파는 성과를 이룩한다. 이것이 일회용 면도기 제조회사로 세계적 기업이 된 질레트의 창업스토리다.

경영환경은 수시로 변하고 예측은 항상 틀린다는 것이 현장에서 일하는 실무자들의 생각이다. 그러나 예측이 틀리는 이유가 예측이라는 시도 자체가 잘못되었기 때문은 아니다. 예측이 틀리는 진짜 이유는 환경변화를 지속적으로 관찰하지 않기 때문이다.

변화를 관찰하여 얻은 팩트 정보를 의사결정에 반영하려는 시도와 노력도 부족한데, 이는 기존의 경험과 지식에 익숙해져서 본능적으로 새로운 정보에 대한 거부반응을 나타내기 때문이다. 특히, 새로운 정보가 기존에 가지고 있는 경험과 지식에 반대될 경우, 그 거부반응이 더 심하게 나타나기도 한다.

예측은 반드시 필요하다. 그리고 예측에 따르는 시행착오는 불가피하다. 미래예측의 핵심 이슈는 예측모델의 정확성에 달려 있다기보다는 수시로 변화하는 정보들을 어떻게 수집하느냐 달려 있다. 콩트의 말처럼 예측하기 위해서 관찰하고 대처하기 위해서 예측한다는 것은 예측을 위해서 제대로 된 관찰이 필수적이라는 뜻이다.

정보가 홍수처럼 넘쳐나는 시대다. 사회가 다양해졌고 정보를 만드는 매체도 다양해졌다. 여기서 착각하기 쉬운 것 중 하나가 정보가 많으면 많을수록 좋다는 말이다. 과연 정보는 많으면 많을수록 좋을까? 아니다. 정보가 많아지면 오히려 현상을 제대로 보지 못하고 왜곡하거나 혼동을 가중시키는 문제를 일으킬 수 있다.

그렇다면 홍수처럼 정보가 넘쳐나는 시대에 적용할 수 있는 최적의 관찰 방법은 무엇일까? 만약 누군가 이런 질문을 던진다면 나는 TPO 관찰법이라고 대답할 것이다. 그럼 지금부터 여러 실무현장에서 효과적으로 사용하고 있는 TPO 관찰법에 대해 알아보도록 하자.

시간·장소·상황을 관찰하면
변화를 읽을 수 있다

TPO 관찰법은 현상을 객관적·효율적으로 파악하기 위해 관찰의 영역과 방식을 미리 정해놓은 관찰법이다. 일반적으로 관찰의 결과는 현상을 관찰하는 사람의 성향이나 선호도, 연령, 성별 등에 따라 큰 차이가 나는 경우가 많다. TPO 관찰법은 이러한 오류를 줄이기 위해 시간Time, 장소Place, 상황Occasion으로 관찰영역과 방식을 나누는 방식이며, 그럼으로써 보다 객관적이고 일관성 있는 팩트 중심의 정보를 수집할 수 있다는 장점이 있다.

이 방법을 처음으로 사용한 것은 일본의 한 의류회사였다. 이 회사는 고객의 소비행태를 관찰하고 분석하기 위해 TPO 관찰법을 개발하고 적용한 이후, 다양한 아이디어를 개발해서 신규사업 다변화에 성공을 거두었다. 그럼 지금부터 TPO 관찰법을 각 영역별로 하나씩 살펴보도록 하자.

첫째, 시간관찰은 과거로부터 현재까지의 변화 추이를 살펴보는 것이다. 시간관찰에서 중요한 것은 관찰한 결과가 일시적 현상인지 추세적 현상인지를 구분하는 것이다.

함께 직장생활을 했던 선배 한 사람이 뇌졸중으로 병원에서 치료를 받은 적이 있다. 그 선배는 병원을 방문하기 몇 개월 전부터 뇌졸중 초기 증세를 느꼈다고 한다. 처음 증상을 느낀 건 산책을 할 때였는데, 어지럼증이 있었고 물체의 초점이 흐려지는 증상이 약하게 있었다. 이후 약간의 실어증 증세가 생기자, 상황의 심각성을 깨닫고 병원에서 진단을 받았다. CT 촬영 결과, 뇌졸중 원인 증상이 발생했음을 알게 되었고, 간단한 수술로 큰 화를 모면하게 되었다. 만약 초기 증상을 피로감이나 일시적 현상으로 생각하고 병원 치료를 받지 않았다면, 틀림없이 예상치 못한 곳에서 쓰러졌을 것이다. 그런 경우, 초기 대응이 어려워 후유증으로 고생했을 가능성이 높다. 그 선배는 초기 증상을 일시적 현상이 아닌 추세적 현상으로 보았다. 무언가 심각한 질병과 연관이 있을 거라고 예상하고 병원을 찾은 덕분에 큰 위험을 피할 수 있었다.

둘째, 장소관찰은 어떤 현상이 있을 때, 그것이 특정한 지역에 국한된 것인지 아니면 전체적이고 전반적인 것인지를 구분하여 파악하는 것이다. 특정한 장소나 상황에 국한된 현상을 전반적인 현상으로 확대해석하면 여지없이 문제가 발생하며, 이를 방지하는 것이 장소관찰의 주요 이슈다.

특정 지역에 국한된 현상을 확대해석하여 문제가 된 대표적인 사례가 이리듐 프로젝트다. 이리듐 프로젝트는 위성 휴대폰 하나로 전 세계 어디서나 통화할 수 있게 만든다는 사업목표를 가지고 탄생했다. 사막이나 바다 한가운데서도 통화가 가능하도록 77개의 저궤도 정지위성을 발사해서 통신네트워크를 구성한다는 것이 기본계획이었다.

이 프로젝트는 1985년, 미국 모토롤라에 근무하던 한 엔지니어의 제안으로 시작되었다. 여름 휴양지에서 가족들과 통화할 수 없는 상황을 겪은 그 엔지니어는 사막이나 정글 같은 오지에서도 전화 통화가 가능한 서비스를 구상하였다. 일단 성공만 하면 대박이 터질 거라는 확신으로 아이디어를 냈고, 결국 최고경영자의 의사결정을 거쳐 본격화 되었다.

그러나 여기서 몇 가지 더 관찰해야 할 것들이 있었다. 미국은 땅이 넓고 사막이나 계곡 같은 오지가 많다. 그렇다 보니 당연히 전화불통지역도 많았다. 하지만 대부분의 다른 나라에서는 상황이 전혀 달랐다. 과연 지구상에 미국처럼 땅 덩어리가 큰 나라가 몇이나 되겠는가? 그리고 그 서비스가 필요한 사람들은 또 얼마나 되겠는가?

이러한 한계에도 불구하고 이리듐 프로젝트는 초기 투자비 27억 달러를 투입하며 대대적으로 시작되었고, 대실패로 끝을 맺었다. 미국의 지역적 특성을 다른 많은 나라의 전반적인 특성과 구분하여 이해하지 못한 것이 실패의 화근이었다.

셋째, 상황 관찰은 사람(또는 조직)과 발생빈도에 대한 팩트 정보를 수집하는 것이다.

사람이나 조직을 관찰하는 이유는 같은 일을 하더라도 누가 하느냐에 따라 결과가 천차만별로 달라지기 때문이다. 영화에서 캐스팅이 중요한 이유도 바로 이 때문이다. 나는 어려서부터 영화 〈007 시리즈〉를 좋아해서 자주 보곤 했다. 지금도 여전히 즐겨 보는데, 어떤 배우가 주연을 맡느냐에 따라 영화의 전체적인 분위기가 달라지는 것을 느낀다. 나로서는 로저 무어가 주연으로 나오는 시리즈는 몰입이 잘 되는 반면, 다른 배우들은 그렇지 못하다. 한국영화도 마찬가지다. 〈7번방의 선물〉의 주연을 류승룡이 아닌 하정우나 송강호가 맡고, 〈도둑들〉의 주연을 김윤석이 아닌 류승룡이나 하정우가 대신했다고 생각해보라. 아마도 원작과는 분위기가 사뭇 다른 영화가 되었을 것이다.

관찰 영역 중에 사람은 빼놓을 수 없는 대상이며 조직 또한 마찬가지다. 사람이나 조직을 관찰할 때는 항상 조건이 따라 붙는다. 그 조건은 비교관찰이다. 가장 대표적인 비교관찰의 예가 또래집단Peer Group 비교관찰이다. 또래집단의 기본개념은 연령대가 비슷한 집단을 의미하며, 같은 또래끼리 형성하는 가치관이나 행동방식이 다른 연령대와 차이를 보인다는 전제에서 출발한다. 이는 특정 또래집단은 시대별로 놀이방식, 교육내용 등을 공유하기 때문에 다른 또래집단과의 차이를 쉽게 분석할 수 있다는 의미가 있다. 연령대뿐만 아니라 성별, 직업, 직급 등 다양한 차원에서 또래집단을 구분하여 비교분석할 수 있으며, 사람이나 조직과 관련된 정보의 객관성을 확보하는 최선의 방법이다.

발생 비율이나 빈도를 관찰하는 이유는 변화의 추이를 알기 위해서다. 처음에 중요하고 특별해 보이던 것이 나중에 한시적이거나 영향이 미미한 것으로 판단되었다면, 굳이 그것에 집착할 필요는 없다. 문제는 그것이 일시적 현상인지 지속적 현상인지 구분하기 어렵다는 데 있다. 현상이 일시적인지 지속적인지는 구분하기 어려울 뿐만 아니라 매우 중요하다. 이 구분을 잘했다면, IMF 사태도 피해갈 수 있었을지 모른다.

당시 멕시코의 외환위기를 시작으로 인도네시아, 태국, 말레이시아 등이 외환위기를 겪었지만 상대적으로 한국은 안전했다. 무역규모도 세계적으로 상위권이었고, 제조업 기반의 튼튼한 경제구조도 가지고 있었다. 그러나 국내 기업들과 금융회사들이 일본이나 미국에서 저금리의 외화자금을 차입하여 동남아 환율상품에 투자한 원금이 손실을 보면서부터 외환위기의 조짐이 보이기 시작했다. 국내 기업들의 투자손실을 일시적인 것으로 보고 안이하게 대처한 것이 화근이었다.

그 시점에 외환 유출과 기업들의 해외 투자손실이 점점 더 심화될 거라고 생각하는 사람은 별로 없었다. 만약 정부가 국내 기업의 외화 수요에 대해 할당제를 실시하고 환율관리를 보수적으로 했다면, 외환위기와 같은 급작스런 사태를 막을 수 있었을 것이다. 당시 동남아 환율상품에 투자한 국내기업들이 차입금을 상환하느라 외화 수요가 급증하였다. 그 결과 원화 가치는 급격히 하락했고, 정부는 환율을 방어하느라 또 외화를 소비했다. 설상가상으로 외국 투자자본이 국내에서 철수하면서 결국 우리 정부는 IMF에 구제금융을 요청하게 되었다.

백 번 듣는 것보다 한번 경험해 보는 것이 낫다. 다음은 하림, 마니커, 동우 등과 비슷한 사업을 영위하는 미국의 다국적 기업 CBA(가칭)에 관한 사례다. 이 회사는 동남아시아와 호주, 한국 등지에서 닭 농장을 운영하고 있는데, 이 사례는 그 중 한국 농장에서 발생한 현상을 분석한 것이다. 일반적으로 병아리는 종계(번식용)와 육계(고기용)로 구분한다. 이 사례에서 나타난 CBA 한국 농장의 문제는 육계에서 발생한 병아리의 성장 장애에 관한 것이다.

CBA는 세계 최고의 양계 및 닭고기 공급업체다. 이 회사는 종계를 중심으로 한 부화사업, 육계 양계사업, 닭고기 가공사업, 양계 사료사업을 병행하고 있다. 미국 서부지방에 본사 및 농장을 두고 있으며, 주력 해외 사업장으로 호주 북부지방과 한국 중부지방에 각각 농장 및 가공 공장을 운영하고 있다. 품종 및 양계사업은 표준화 되어 있어 지역과 상관없이 동일한 절차로 농장이 운영되고 있다. 본사를 두고 있는 미국을 제외한 지역에서는 직원들의 교육, 보상 등 관리상에 약간의 차이가 있다.

3년 전부터 한국 사업장에서만 부화 후 2~4주 된 육계에서 문제가 발생하기 시작했다. 기형이나 과대 발육 현상은 없으나 부분적으로 발육 지체 및 체중미달 현상이 발생한 것이다. 이로 인해 육계의 생닭에 품질관리 문제가 발생했다. 한국의 경우, 사원 급에서 사료를 담당하고 있었는데, 최근 중견사원 급으로 변경한 바 있다.

수정란이 인큐베이션에서 병아리로 부화하면 종계와 육계로 분리하는 과정을 거친다. 이후 종계는 산란농장으로 옮겨져 일정기간 성장시킨 후 수정을 통해 약 40주간 종란을 생산하게 되고, 육계는 개방된 육성농장에서 사육하고 있다. 육계의 발육지체 현상은 7월 이후 약 2~3개월 동안 나타나고 있으며, 최근 3년간 발생 빈도가 늘지도 줄지도 않는 상태가 계속되었다. 통상 육계는 종계보다 크기나 체중이 큰 편이나 수명은 더 짧다.

이 사례에서 파악한 관찰 결과를 TPO 방식으로 정리하고 문제의 원인이 무엇인지 생각해 보자.

처음 이 사례를 소개할 때는 일반인들이 닭고기를 좋아해서 해당 내용에 대해 친숙하게 느낄 것으로 생각했다. 그러나 일반 기업 교육현장에서 이 사례를 다루다 보면 의외로 다들 어려워한다. 이유는 병아리를 종계와 육계로 구분하는 것부터 헷갈린다는 것이다. 또한 짧은 내용이기는 하지만 관찰 내용이 정리가 안 된다는 것도 이유로 들었다. 이러한 의미에서 관찰에 대한 일정한 틀을 가지고 있다는 것은 상당한 무기가 될 수 있다. 현장 실무자들이 관찰결과를 간단명료하게 정리하고 다양한 분석도구로 활용할 수 있는 기법이 TPO 관찰법이다. CBA 사례에서 관찰된 팩트 정보는 다음과 같이 정리할 수 있다.

시간 관찰결과, 7월에서 9월 사이에 문제가 발생하고 있다. 이에 비해 문제가 발생하지 않는 기간은 6월 이전과 9월 이후에 해당한다. 7월에서 9월 사이는 1년 중 온도와 강우량이 높다. 이를 통해 온도와 습기가 문제의 원인일 수 있다는 추론이 가능하다.

장소 관찰결과, 비교대상 지역인 미국이나 호주 등에서는 발생하지 않고 유독 한국 농장, 그것도 육계농장에서만 발생한다는 사실을 알 수 있다. 종계농장은 밀폐형인 데에 비해 육계농장은 방목 식으로 개방되어 있는데, 이를 근거로 개방형 방목 형태가 문제의 원인이 될 수 있다는 추측이 가능하다.

사람에 대한 관찰 결과, 근로자들에 대한 교육의 미비가 관리상의 문제를 발생시켰으리라는 추론이 가능하다. 최근 들어 사료 담당자를 사원 급에서 중견사원 급으로 변경하였는데, 이것 또한 문제의 원인일 수 있다. 발생빈도에 관한 관찰을 통해서는 해마다 7월~9월 사이에 성장장애 문제가 발생하고 있으며, 연도별로 감소하거나 증가하지 않는다는 사실을 알 수 있다.

이상의 분석 내용을 토대로 TPO 관점에서 팩트를 열거하고 특징과 변화 내용을 정리하면 쉽게 문제의 원인을 명확화 할 수 있다. 그렇다면 문제의 원인은 무엇이었을까? 바로 '개방된 농장에서 사육하는 병아리가 습한 날씨로 인해 수인성 바이러스에 감염된 것'이다.

그렇다면 직원들의 교육 미비와 관리자 변경이 문제의 원인에서 제외된 이유는 무엇이었을까? 발육 지체 현상이 특정 기간에 개방형 육계농장에서만 발생하는 이유를 설명하지 못하기 때문이다. 만약 직원관리 문제가 원인이라면, 특정 기간이나 장소가 아니라도 동일한 문제가 발생해야 설명이 되기 때문이다.

이처럼 TPO 관찰법을 활용하면 다양한 정보들을 일목요연하게 정리할 수 있으며, 팩트 정보 간의 관계도 명확하게 구분할 수 있다. 이를 토대로 수없이 많은 가능성 중에서 문제점이 무엇인지를 정확하게 찾아내어 조준 사격할 수 있는 가능성이 높아지는 것이다.

변화를 읽으면
사업의 성공이 보인다

부분적인 관찰을 통해 전체적인 상황을 추론할 때, 환경요인을 생각하지 않고 현상만 보게 되면 엉뚱한 결론에 도달할 수 있다. 과거에 일어났던 사건들을 현재 시점에서 바라보면 도무지 이해가 되지 않는 경우를 자주 만나게 되는데, 그 이유는 과거의 환경을 이해할 수 있는 정보가 부족하기 때문이다.

1990년대 초반까지만 해도 예비군 훈련장에서 OOOO을 받으면 훈련을 받지 않고 집에 갈 수 있었다. 과연 OOOO은 무엇일까? 지금은 어떤지 모르겠지만 당시 군대를 제대한 예비역들은 예비군복만 입으면 다시 군대 분위기로 돌아갔다. 제대 후 5년 동안은 1년에 한 번씩 동원훈련을 의무적으로 받았는데, 그야말로 성가신 국민의 의무 중 하나였다.

그러나 이를 벗어날 수 있는 하나의 탈출구가 있었다. 바로 질문의 정답인 '불임수술 정관수술'이다. 내 기억으로는 예비군 훈련 때마다 지원자가 한 두 명 정도는 있었던 것 같다. 시대가 바뀌어서 지금은 출산을 장려하고 있지만, 1970년대부터 1990년대 초반까지는 산아제한이 국가정책이었다. 요즘 같아서는 상상을 초월하는 일이지만 그 당시만 하더라도 익숙하고 거부감이 없던 현상이었다. 이러한 국가정책 때문에 70~80년대에 태어난 사람들은 형제자매 없이 혼자인 경우가 많다. 그러다 보니 핵가족 문화가 보편화 되어 원룸 수요가 증가하고 '3분 요리' 같은 간편식 산업이 급성장했다.

이러한 사정은 중국도 비슷하다. 흔히 중국의 신세대를 지칭할 때 '바링허우' 또는 '주링허우'라고 한다. 바링과 주링은 각각 80과 90을 뜻하고 허우는 이후 以後를 의미한다. 80~90년대에 태어난 중국의 신세대인 것이다. 이들은 대체로 가정에서 외동으로 귀하게 자라다 보니 자기중심적이고 소비중심적이다. 이처럼 인구의 구성비가 변하면 사회 분위기나 소비경제 구조가 달라진다.

마츠 린드그렌(스웨덴 Kairos Future 컨설팅사 대표)은 그의 저서 《시나리오 플래닝 Scenario Planning》에서 '변화를 빨리 관찰하는 것이 성공하는 기업의 요건이다'라고 강조하였다.

시나리오 플래닝이란 여러 가지 변수들 상호간의 작용관계를 분석하여 예측 가능한 미래의 모습을 그려내기 위한 기획 방법이다. 이를 통해서 현재에서 미래시점에 이르는 과정과 미래의 상황을 서술하게 된다. 흔히 시나리오 플래닝을 미래의 결과를 예측하는 기법으로 잘못 이해하는 경우가 있다. 예를 들어 부동산 가격이 하락한다, 유가가 상승한다, 어떤 신기술이 표준이 된다는 식이다. 그러나 시나리오 구성은 결과보다는 여러 변수 간의 상호작용 과정을 논리적으로 구성하여 미래 상황에 대한 가시적인 이미지를 만드는 것에 중점을 두고 있다. 시나리오 플래닝에서 변화를 관찰하는 근본적인 이유는 핵심동력을 찾고자 하는 것이다. 그리고 그 변화에 대한 관찰은 외부 환경요인에 대한 분석에서 출발하는데 여기서는 STEEP 모델을 중심으로 설명하고자 한다.

일반적으로 외부 환경분석으로 쓰는 기법인 STEEP Society, Technology, Economy, Environment, Politics 모델은 미래의 모습을 구체화하기 위해 사회변수, 기술변수, 경제변수, 생태환경변수, 정치변수로 나누어 환경을 분석하는 기법이다. 이 중 특히 중요한 것은 사회변수이다. 가급적이면 정치, 경제, 기술, 생태환경적 변수들과 사회적 변수와의 작용관계를 규명하여 사회변화 이미지를 그려내는 것이 좋은 시나리오를 만드는 비결이 되기도 한다. 개인적으로는 사회변화 중에서도 사람들의 라이프스타일 변화에 집중하는 것이 바람직하다고 생각한다. 라이프스타일 변화는 비즈니스의 성패를 가늠하는 핵심이 될 수 있다. 이와 관련하여 스마트폰 시장변화에서 역동적인 사례를 찾아볼 수 있다.

2007년, 애플의 아이폰이 나오기 전까지 휴대폰 시장은 노키아를 비롯한 상위 5개 회사의 제품이 전 세계 시장점유율의 70~80%를 차지하고 있었다. 부동의 1위를 고수하고 있던 노키아가 약 30~40%를 차지했고, 뒤이어 삼성전자, 모토로라, 소니에릭슨, LG전자 순이었다.

노키아는 1996년에 스마트폰의 전신이라고 할 수 있는 '노키아 9000'을 출시한 바 있다. 이 제품의 주요기능은 모바일 인터넷과 이메일 지원

등으로 지금의 스마트폰과 거의 차이가 없었다. 노키아는 휴대폰 시장에서 선두를 고수하기 위해 외형적 모양을 바Bar 형태로 통일시켰고 자체 운영체제인 심비안Symbian에 주력했다.

다른 휴대폰 업체와 달리 노키아는 휴대폰 영역의 모든 선구적인 기술 개발과 테스트 마케팅을 해보았다. 그런데 2007년에 휴대폰 산업에 이정표가 될 만한 제품이 시장에 등장하게 된다. 바로 애플의 아이폰이다. 아이폰이 미국에 출시되었을 때, 출시가격이 약 600달러 정도로 당시로서는 상당히 고가품이었다.

노키아는 자신들의 경험에 입각해서 애플의 아이폰 출시에 대한 판단을 하게 된다. 노키아는 아이폰의 생산단가가 너무 비싸고 2G 네트워크 기반으로는 원활한 모바일 인터넷이 어렵다고 파악했다. 노키아가 자체 기술 개발 과정에서 경험한 결과를 토대로 터치스크린 방식은 키패드 방식보다 고장이 많고 불편하다고 판단했다. 여기서부터 노키아의 실수가 시작되었다. 시장에서 소비자들이 아이폰을 어떻게 평가하고, 소비자의 라이프스타일이 어떻게 변화하는지에 대한 관찰과 분석이 부족했다.

어찌 보면 스티브 잡스도 스마트폰이 대박 사업이 될 거라는 확신은 없었던 것 같다. 처음에는 수요가 별로 많지 않을 거라고 예측했기 때문에 초기 연구개발비를 감안해서 가격을 높게 책정할 수밖에 없었다. 그러나 시장의 반응이 가히 폭발적이었고 2개월 만에 가격을 30% 이상 낮춘 약 400달러로 책정하고 대량생산 체계를 구축했다. 이어서 유럽 각지에서 애플의 아이폰에 대한 수요가 급증하자 다음 해에 아이폰 3G를 출시하게 된다.

당시는 미국에서 부동산 가격 폭락으로 대형 모기지 회사와 대형 투자은

행인 리만브라더스가 파산하여 글로벌 금융위기가 촉발되던 상황이었다. 모든 기업들이 신용경색으로 휘청거릴 때였다. 삼성전자와 LG전자는 스마트폰에 대한 시장 수요를 일시적인 현상으로 이해했다. 왜냐하면 삼성전자와 LG전자도 노키아가 했던 것처럼 스마트폰과 비슷한 PDA폰을 만들어 국내시장에 출시하였으나, 반응이 시들했던 경험을 했었기 때문이다. 이러한 실패 경험이 있었기 때문에 선뜻 전면적인 투자를 하지 못했다.

국내 기업들이 스마트폰에 대한 양산체제로 들어가는 것을 머뭇거리는 동안, 소비자들은 애플의 아이폰에 적극적으로 반응했다. 젊은 신세대들이 중심이 되어 아이폰 앱스토어의 다양한 어플리케이션을 사용하기 시작했다. 변화의 모습이 점점 명확하게 보였으나 그 끝이 어디인지는 잘 상상이 되지 않았다. 삼성전자의 경우, 초기 '옴니아' 모델이 있었으나 아이폰과 경쟁하기에는 역부족이었다. 그러다가 2009년에 갤럭시 시리즈를 내놓으면서 스마트폰 시장에 적극 참여하게 되었고, 이후 삼성전자의 주력 품목으로 자리잡게 되었다.

반대로 핀란드의 자랑이자 세계적인 휴대폰 제조사인 노키아는 삼성과 같은 발 빠른 추격 대신에 계속 자신만의 아성을 고집했다. 우리가 그 결과를 이미 확인했듯이 노키아는 쇠락의 길에 들어서게 되었고, 결국 마이크로소프트에 합병되고 말았다.

기술변화와 이에 따른 소비자 라이프스타일 변화에 발 빠르게 대응하지 않으면 도태되는 것은 시간문제다. 스마트폰 보급에 따른 생활의 변화는 정말 대단하다. 최근 들어 지하철 잡상인이 많이 줄었다고 한다. 사람들이 다들 스마트폰에 빠져서 상인들의 말에 집중하거나 관심을 보이지 않기 때문이라고 한다.

또 다른 사회변수인 저출산에 대해 살펴보자. 1~2인 세대가 급속하게 늘어나면서 외식이나 간편조리식(컵라면, 컵미역국, 컵쌀밥, 간편볶음밥 등)에 대한 수요가 늘고 있다. 편의점이나 대형마켓에 가면 다양하고 새로운 간편조리 제품들이 출시되는 모습을 볼 수 있다. 모든 새로운 제품과 서비스는 라이프스타일 변화와 깊은 관계가 있다.

정리하면, 변화를 관찰하기 위한 방법으로 STEEP 환경분석을 활용할 수 있으며 핵심은 사회변화에 초점을 둬야 한다는 점이다.

일상생활에서 접하게 되는 기술, 경제, 환경, 정치 등의 주요 이슈들이 어떠한 상호작용을 거쳐서 변화를 만들고 있는지를 살펴보아야 한다. 변화는 가까이 접하고 있는 일상생활에서 찾아볼 수 있다. 라이프스타일을 변화시킬 수 있는 환경변수를 찾는 것은 사업의 성공과 직결된다는 점을 명심하기 바란다.

정보를 찾아 헤매지 말고
신문과 잡지를 활용하라

"작전에 실패한 지휘관은 용서할 수 있어도 경계에 실패한 지휘관은 용서할 수 없다."

한국전쟁 당시 UN군 사령관이던 더글라스 맥아더의 말이다. 경계는 조기경보를 위해 실시한다. 관찰도 마찬가지다. 경계하듯 변화를 감지하고 정보를 수집하기 위해 관찰을 한다. 관찰에 실패한다면 창의력을 논할 수조차 없다. 다시 한 번 강조하지만, 관찰은 팩트 정보를 얻기 위해 하는 것이고, 관찰의 수준은 정보수집을 어떻게 하느냐에 따라 달라질 수 있다.

신입사원 시절, 회사 내 필독서 중 하나로 《불모지대》라는 일본 소설이 있었다. TV드라마 〈하얀거탑〉의 원작자인 야마사키 도요코가 쓴 소설이었다. 이 소설의 주인공 '이키 다다시'는 제2차 세계대전 이후 11년간의 시베리아 포로생활을 마치고 천신만고 끝에 귀국하여 종합상사의 회사원으로 입사한다. 생사를 넘나드는 전쟁과 패전, 장기간의 전쟁포로 신세에서 벗어나 본국으로 돌아온 이키 다다시. 그에게 다가온 현실은 가난과 좌절 뿐이었다. 불혹의 나이에 접어든 다다시는 좌절을 딛고 다시 시작하려고 하지만, 주위 환경은 만만치가 않다. 그러나 결국 험난한 장애물과 난관을 극복하고 성공한다는 내용이다.

나는 이 소설을 읽으면서 소설의 배경이 된 제2차 세계대전, 시베리아 포로수용소, 해외무역, 중동유전개발 등 웅대한 스케일에 저절로 감동을 받았다. 소설 속 주인공처럼 한국의 '종합상사맨'으로 국제무대에서 무언가를 보여주는 미래를 만들어보려고 무척이나 애를 쓰기도 했다.

이 소설은 실존 인물인 '세지마 류조'의 일대기를 모티브로 하여 구성한 것이다. 1956년, 세지마는 시베리아 포로수용소에서 석방되어 일본으로 귀국하였고, 한동안 실업자 신세를 면치 못했다. 그러나 세지마는 좌절하지 않았고, 잃어버린 시간을 찾아서 지난 11년간의 신문을 빠짐없이 읽으며 세월을 복기했다. 일본이 미국과 태평양 전쟁을 치르고 있던 무렵, 그는 일본군 대본영에서 근무하던 유능한 참모였다. 그가 맡은 임무는 태평양 전쟁의 전략을 수립하기 위한 정보를 수집하고 상관에게 보고하는 일이었다. 세지마는 그 일을 하며 정보가 왜 중요하고, 어떻게 활용해야 하는지를 깨닫게 되었다. 포로생활을 마치고 돌아온 세지마는 그렇게 사회와 단절되었던 인생을 신문으로 메우기 시작했다.

이후 세지마는 일본 육군사관학교 선배의 소개로 이토추 상사의 기획본부장에 취임하게 되고, 전쟁 당시 배운 정보관리와 전략수립 경험을 살려서 대규모 신규사업과 자원개발에 성공하게 된다. 그의 공로로 섬유회사

정도로 알려져 있던 이토추 종합상사는 세계적인 규모의 거대 기업으로 도약하게 된다.

평소 세지마는 그의 성공비결로 공개 정보의 활용을 강조하였는데, 특히 중요한 정보 소스로 '신문기사'를 들면서 "신문이나 자료를 볼 때는 목적의식을 갖고 보는 것이 중요하다."고 말했다. 역시 인물은 인물이다. 목적지향적 관점에서 관찰해야 제대로 보인다는 사실을 이미 알고 있었던 것이다.

내가 그룹경영기획실에서 근무할 때의 일이다. 나는 당시 대외 활동 중하나로 이른바 '찌라시 정보모임'에 참석하고 있었다. 1990년대 초반만 해도 언론통제가 있었고, 정경유착 등의 분위기로 언론사가 그리 투명하지는 못했던 것 같다. 그래서인지 여러 그룹의 기획부서나 정보조사부서에서 근무하는 사람들이 일주일에 한 번 또는 한 달에 두 번 꼴로 정보모임을 가졌다. 모임에 소속된 사람들은 조직의 비밀 정보를 주고, 반대로 상대방 조직의 비밀 정보를 받았다. 자기 조직의 정보를 주고 다른 조직의 정보를 받아오는 일종의 이중첩자 같은 역할이었다.

이 정보모임은 철저하게 신뢰가 바탕이 되었다. 정보모임에서 역 정보를 흘리거나, 몸을 사려서 자기가 소속된 조직의 정보에 대해 인색하면 여지없이 퇴출대상이 되었다. 지금 돌이켜보면 참 무서운 모임이었다. 그 대신 일하기는 편했다. 모임에 나가서 비공개 정보를 모아오면 정보량이 제법 많았다. 일종의 정보 품앗이인 셈이다. 그렇게 얻은 비공개 정보는 파급효과가 막강했다. 정보를 수집하기 위해서 한 번 나갔다 왔을 뿐인데, 업무성과에 대한 평가가 매우 좋았다. 그때는 '가장 중요한 정보는 신문과 같은 공개 정보'라는 세지마의 말을 그냥 흘려 넘겼다. 그러나 여러 경험을 통해서 얻은 결론은 세지마의 말이 절대 진리라는 것이다.

공개 정보는 일반적인 중요성, 파급성 등에 의해서 만들어진다. 반대로 비공개 정보인 찌라시는 단편적인 중요성과 호기심 등에 의해서 만들어진다. 찌라시 정보는 정확성도 보장할 수 없다. 공개 정보가 홍삼이나 비타민과 같은 영양제라면, 찌라시는 진통제와도 같다. 찌라시 정보를 통해 얻은 것이 있다면 순간의 호기심을 충족하고 상사로부터 잠시 인정받은 것뿐, 그밖에 도움이 된 건 하나도 없다. 오히려 공개 정보를 등한시하게 만들고, 공개 정보 관리 요령을 터득하는 데 방해만 되었다.

공개 정보 분야는 우리가 일반적으로 아는 것보다 훨씬 더 많고 중요하다. 미국의 CIA도 공개 정보 활용도가 80%를 넘는다고 한다. 미국이 이라크와 전쟁을 하던 당시, 미군 합동참모본부에서 CNN 생중계를 보며 전략을 수정했을 정도로 공개 정보는 막강하다.

내가 가장 중요하게 생각하는 정보는 공신력 있는 매체에서 발표하는 정보다. 한 때는 그 누구보다 비공개 정보를 심도 있게 다루었고, 나름대로 막강한 정보 네트워크를 가지고도 있어봤지만, 결론은 신문이다. 자 그렇다면 이렇게 중요한 공개 정보를 어떻게 활용할 것인가? 활용방법은 공개 정보를 수집하는 목적이 거시적 환경분석이냐, 미시적 사업분석이냐에 따라 달라진다.

첫째, 거시적 환경분석을 위한 정보는 정치, 경제, 사회 등에 관한 이슈들이다.

가끔 모임에 참석할 때면, 경제와 관련된 이야기가 나오는 경우가 많다.

그럴 때 사람들이 내게 자주 묻는 두 가지 질문이 있다. 하나는 앞으로 경제가 어떻게 될 것 같으냐는 것이고, 다른 하나는 체감 경기가 예전 같지가 않은데 어떻게 생각하느냐는 것이다. 흥미로운 건, 질문을 하는 사람들의 생각이 모두 다르다는 점이다. 같은 조직에서 근무하거나 같은 업종에 몸담고 있는 사람들도 의견이 모두 제 각각이다.

경제나 경영과 관련해서 내가 자주 인용하는 공개 정보는 한국은행에서 발표하는 경기실사지수, 즉 BSI Business Survey Index 다. BSI는 주요 산업의 경기동향과 전망, 경영의 애로사항에 대해 현장에 있는 경영자들을 대상으로 설문조사를 해서 집계한 것이다. 이 지표는 경기선행지표로도 활용되고 있다. 경기실사지수 조사항목 중에 생산라인 가동률 지표가 있는데, 제조업의 산술평균치이기 때문에 대형업체의 가동률에 영향을 적게 받는다. 산업 전반의 체감경기를 객관적인 데이터로 표현하기에 제격이며, 내수 경기가 좋은지 안 좋은지를 관찰할 때 보는 주요 팩트 중 하나다. 그리고 다른 사람과 관련 주제에 대해 이야기할 때, BSI 지표와 생산라인 가동률 변화추이를 인용하여 의견을 제시하면 대부분 수긍한다. 기본적으로 공신력과 대표성이 있기 때문이다.

일정 수준 이상의 정보력을 갖추기 위해서는 평소 환경변화와 관련된 팩트 정보를 수집할 수 있는 정보 소스와 네트워크를 구축해야 한다. 우리나라의 경우 정보공개법이 도입되면서 일반인도 쉽게 정부문서나 자료들을 활용할 수 있다. 인터넷으로 정책 브리핑 사이트나 해당 행정기관 자료실 사이트 등에 접속하면 어렵지 않게 구할 수 있다. 이 자료들에는 정부의 정책방향은 물론이고 정책을 입안하게 된 배경 정보도 많이 담겨 있다.

둘째, 미시적 사업분석을 위한 정보는 조선, 철강, 화학, 반도체 등 개별 업종의 생산기술, 수요공급, 생산구조 등에 관한 이슈들이다.

사업 단위에 대한 정보수집을 위해서 간편하게 활용할 수 있는 방법은 업종별 민간기업협회를 이용하는 것이다. 자동차산업은 자동차공업협회, 섬유산업은 섬유협회, 신약개발이나 바이오산업은 한국제약협회 등을 이용하는 식이다.

각 민간기업협회 외에 내가 자주 활용하는 것은 한국증권거래소의 공시 정보다. 거래소에 상장된 기업의 경우, 의무적으로 분기나 반기 또는 회계 결산 단위로 사업보고서를 제출하게 되어 있다. 사업보고서는 회사개요, 사업내용, 재무에 관한 사항, 감사 의견 등으로 구성되어 있는데, 이 중에서 사업내용 부분을 보면 그 회사가 속해 있는 업종에 대한 시장분석 내용이 자세하게 소개되어 있어서 특수한 업종에 소속된 사업을 분석할 때 이용하기 좋다.

산업과 관련된 정보를 구하기 위해 증권사 리서치 자료를 활용할 수도 있다. 산업에 대한 리서치 자료는 분량이나 분석 수준이 증권사 별로 차이가 있다. 반도체산업은 어느 증권사의 보고서가 좋고, 자동차산업은 어느 증권사의 보고서가 좋다는 식으로 나름대로 구분이 되어 있다.

관찰단계에서 얻고자 하는 것은 팩트 정보이다. 그리고 그 팩트 정보는 직접 설문조사를 하거나 전문서적, 논문, 신문, 보고서 등 공개정보를 살펴봄으로써 더 많이 얻을 수 있다. 정보의 희소가치만을 중요시 하는 사이에 공개 정보에 대한 중요성을 간과하는 경우가 있다. 그러나 특정분야에 전문화된 조직에서 막강한 조직력과 자금력으로 정보를 생산한다는 점을 감안한다면 공개 정보가 얼마나 가치 있고 중요한 지 다시 한 번 생각할 수 있을 것이다.

　공개 정보를 활용하는 데 있어서 주의할 점은 먼저 자신의 목적과 능력에 맞게 수집 범위를 선택해야 한다는 것이다. 공개 정보를 수집하고 활용할 때 체계적으로 범위를 설정하지 않으면 자칫 정보의 홍수 속에 빠질 수 있다. 수집할 정보의 범위를 설정할 때에는 시간계획이나 정보소스를 미리 정하는 것은 물론, 정보수집의 목적까지도 명확화 할 필요가 있다.

착시현상과 심리적 오류를
경계하라

"이 선배, 이것 좀 봐요."

평소에 호기심이 많고 새로운 전자제품이 나오면 무조건 사서 써봐야 직성이 풀리는 후배가 스마트폰을 불쑥 꺼내 초기 잠금 패턴화면을 보여주었다.

"뭘 보라는 거야?"

나도 마침 동일한 새 제품을 가지고 있던 터라 의아해하며 물었다.

"이 잠금 버튼이요. 버튼이 오목하게 보이죠?"

"응, 그래서?"

"그런데 화면을 이렇게 180도 돌리면 볼록하게 보입니다."

"어, 그러네. 그거 참 신기하네. 아니 왜 이런 현상이 발생하지?"

나는 후배에게 그 이유를 알고 있는지 물어보았다.

◆ 휴대폰 잠금패턴

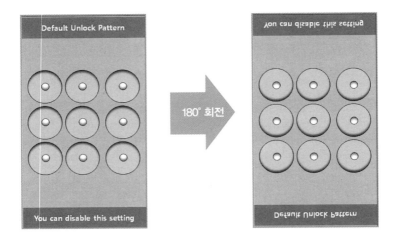

　　후배는 약간 우쭐한 표정을 짓더니 원인에 대한 설명을 시작했다. 이것
은 그림자가 위에 있느냐 아래에 있느냐에 따라 오목하거나 볼록하게 보
인다는 것이다. 이렇게 보이는 이유는 인간이 태양의 빛이 위에서 아래로
비추는 환경에서 350만 년을 진화해왔기 때문이다. 사물의 그림자가 아래
로 형성된 것이 머릿속에 각인되어 있어서 시각적인 착각이 생긴 것이다.
커피 한 잔을 마시면서 나눈 짧은 대화였지만, 다시 한 번 관찰과정에서
발생하는 착각과 착시에 관해 많은 생각을 하게 되었다.

　　금융권에서 일하는 사람들은 시장분석을 위해 여러 데이터를 활용한다.
요즘은 전용 프로그램에서 제공하는 여러 가지 기능을 활용해 분석을 하
지만, 예전에는 일일이 엑셀 프로그램으로 데이터를 가공해서 차트를 만
들어 분석했다. 그런데 여기까지는 누구나 할 수 있는 평범한 영역이다.

그러나 유별난 사람들은 한 걸음 더 나아가 이 차트 밑에 거울을 대고 거울에 비친 반대의 흐름을 보며 분석을 하기도 하고, 차트를 왼쪽에서 오른쪽으로 보는 것이 아니라 오른쪽에서 왼쪽으로 보기도 한다. 이유는 자기가 보는 시각에서 착각이나 오류가 발생할 수도 있다는 우려 때문이다.

이런 노력을 기울이는 사람들은 소위 '전문가'로 인정을 받는 경우가 많다. 전문가로 인정받는 사람들의 특징 중 하나는 완벽성이다. 자기 영역에 있어서는 좀처럼 실수를 하지 않는다. 전문가들의 경우, 실수를 자주 범하는 원인들이 대부분 편향된 시각에서 비롯된다는 사실을 잘 알고 있다. 그럼 지금부터 관찰할 때 오류와 실수를 저지르게 되는 원인을 살펴보도록 하자. 관찰 단계의 오류는 크게 인지적인 요인과 심리적인 요인에 의해 발생하게 된다.

첫째, 인지적인 요인에 의해서 발생하는 오류는 흔히 착시현상이라고도 불리며, 모든 사람들에게 차이 없이 고르게 나타난다. 착시는 말 그대로 실제 현상과 다르게 보이는 것을 뜻한다. 인간의 감각기관이 불완전하기 때문에 착시현상을 피해가기는 어렵다. 그래서 상품을 구매할 때 가격의 착시현상으로 소비자들이 손해를 보는 경우가 있다. 휴대전화를 공짜로 준다는 유혹에 넘어가서 값비싼 요금제에 가입한다거나, 사은품을 끼워 준다는 말에 값비싼 전자제품을 사는 식이다.

이러한 착시현상을 최소화할 수 있는 유일한 방법은 부분적인 관찰과 전체적인 관찰을 각각 분리해서 비교하는 것이다. 구매가격을 객관적으로 판단하기 위해 초기 구입비용과 사용기간 동안 지불해야 하는 전체 비용을 비교한다거나, 상품의 기본가격과 옵션이 포함된 전체가격을 비교하는

◆ 착시 현상

벽지 무늬

토끼 또는 오리

것도 부분과 전체를 분리하여 비교하는 방법이다. 물건을 구매할 때 여러 브랜드의 제품을 알아보고 나서 결정하는 것도 착시현상을 피하려는 전략이라 할 수 있다.

위의 그림들은 착시현상을 설명할 때 자주 등장한다. 좌측의 벽지 무늬는 가로선들이 수평선인데 사선으로 보인다. 이것은 주위 다른 요소인 흑색 사각형의 불규칙성에 영향을 받아서 본래의 모습과 다르게 보이는 현상이다. 사람을 판단할 때 외모, 재력, 학력 등 주위 요소에 영향을 받아서 잘못 판단하는 것과도 유사하다. 우측 그림은 어떻게 보느냐에 따라 토끼로 보이기도 하고 오리로 보이기도 한다.

둘째, 심리적인 요인에 의해서 발생하는 오류는 인지적인 요인과 달리 개인별로 편차가 있다. 그래서 이를 '편향적 사고'라고도 부른다. 편향적 사고는 균형 없이 한쪽으로 치우친 생각을 뜻하는데, 편향적 사고 때문에 관찰의 결과를 팩트가 아닌 쪽으로 해석하는 오류를 범할 수 있다.

어느 날 배고픈 여우 한 마리가 먹이를 찾아 숲을 헤매다가 맛있는 포도가 주렁주렁 달려 있는 포도나무를 발견하였다. 포도가 무척 반가웠던 여우는 열매를 따먹기 위해 껑충껑충 뛰었다. 그러나 열매가 너무 높이 달려 있어서 딸 수가 없었다. 결국 지쳐버린 여우는 이렇게 말하고 그 포도나무를 떠나버렸다. "저 포도는 시고 떫어서 먹을 수가 없네!"

이솝우화에 나오는 여우와 포도 이야기이다. 여기서 여우가 보이는 행동을 인지부조화 현상(여기에서는 '심리적 부조화' 현상의 의미로 쓰인다)이라고 한다. 인지부조화 현상은 자신의 생각과 행동이 현실과 일치하지 않으면 불일치하는 현상을 자신에게 유리하게 맞춰서 보려는 현상을 말한다. 즉, 현실을 직시하지 않고 주관적으로 자기 자신 또는 현상 자체를 합리화하는 것이다.

앞에서 휴대폰 산업의 신화였던 노키아가 무너지게 된 과정을 살펴보았는데, 이 과정에 인지부조화 현상이 만연했던 것을 알 수 있다. 아이폰이 미국에 처음 선보이던 당시, 노키아는 과거의 경험에 비추어 스마트폰이 실패할 것이라고 예상했다. 노키아는 이미 10년 전에 이메일, 모바일 인터넷, 게임 등의 기능이 내장된 스마트폰을 개발한 경험이 있었다. 스마트폰 시장이 점점 확대되고 애플의 시장점유율이 커지는 상황에서도 여전히 자신의 경험과 다른 현실을 외면하였다. 주위에서 나타나는 모든 현상을 자신의 기준으로 보고 자기를 합리화 한 것이다. 개인이나 조직의 강한 믿음과 신념은 팩트 정보를 얻는 데 크나큰 장애요인이 되기도 한다.

인지부조화 현상은 대형 참사의 원인이 되기도 한다. 대부분의 대형사고는 사전에 많은 경고 신호가 나타난다. 그러나 그 과정에서 현상을 제대로 인식하지 못하다가 대형사고로 이어지는 경우가 많다. 국내 민간사고 중 최악의 사건이라고도 할 수 있는 삼풍백화점 붕괴사고가 가장 대표적인 사례다.

모든 대형 사건사고에는 항상 전조가 있다. 하지만 사전대응을 위해 조치를 취할 경우에 감당해야 할 비용과 책임 때문에 전조 현상을 외면한다. 삼풍백화점은 건설 초기 단계에서부터 문제가 발생하기 시작했다. 불법으로 주거용지를 상업용지로 용도 변경했고, 건물 자체도 상가 건물에서 백화점 건물로 변경하였다. 그 과정에서 안전진단에 대한 문제도 제기되었다. 완공 이후에도 여러 차례 건물 안전에 대한 문제가 지적되었다. 사고가 발생했던 1995년 봄부터는 백화점 식당가에 균열이 생기면서 모래가 떨어지기 시작했다. 마침내 사고 당일 오전에는 식당가 천장이 내려앉기까지 했다. 그런데도 이 징조들을 무시한 것이다.

왜 그랬을까? 붕괴라는 불편하고 무서운 상황을 외면함으로써 심리적으로 안정감을 찾으려 했기 때문이다. 모든 사람들을 백화점 건물 밖으로 대피시킬 경우에 발생하는 비용과 이미지 실추 등의 심리적 압박감을 회피하려 했다. 인지부조화 현상이 나타난 것이다. 오후에는 빌딩 여기저기서 마찰 소음이 났고, 일부 상인들은 자발적으로 대피했다. 그러나 백화점 측에서는 영업에 대한 우려 때문에 대피 안내방송을 내보내지 않았다. 결국 오후 5시를 즈음하여 백화점 건물이 붕괴되고 말았다.

객관적인 관찰을 방해하는 심리적 요인으로 프레이밍 Framing 현상도 있다. 이것은 현상을 인식하고 이해하기 위해 기존의 경험과 기억을 재구성하는 것을 말한다. 한 마디로 '심리적 인식의 틀'이라고 정의할 수 있다. 사람은 누구나 성장하는 동안 주위 환경으로부터 영향을 받는다. 그 영향으로 경제적, 사회적, 문화적인 인식의 틀을 만들게 되고, 그렇게 만들어진 인식의 틀은 세상을 이해하는 도구가 된다.

프레이밍 현상은 1970년 말 미국 스탠포드 대학에서 학생들을 대상으로 실시한 심리분석에서 시작되었다. 조사과정에서 동일한 현상에 대해 긍정적으로 표현하느냐 부정적으로 표현하느냐에 따라 인식의 차이가 발생하는 것을 발견하게 된다. 예를 들어 아시아의 한 지역에 전염성이 매우 강하고 치명적인 신종바이러스 질병이 발생해서 600명의 주민이 감염되어 죽게 될 상황에 처해 있다고 가정하자. 상황에 대처하기 위하여 첫 번째 질문으로 다음과 같은 두 가지 방법이 제시되었을 경우 어떤 것을 선택할 것인가에 대한 조사였다.

1안	200명을 구할 수 있다
2안	3분의 1의 확률로 600명 모두 구할 수 있거나 3분의 2의 확률로 아무도 구할 수 없다

당신은 어떤 선택을 할 것인가? 내 경우에는 1안을 선택했다. 실제로 최초 설문조사 당시 약 72%의 응답자가 1안을 선택을 했고, 나머지 약 28%의 응답자가 2안을 선택했다고 한다. 동서고금을 막론하고 사람들 생각은 비슷한 것 같다.

두 번째 질문은 동일한 상황에서 앞서 제시한 1안, 2안이 아닌 다음과 같은 3안과 4안 중 하나를 선택하는 것이었다.

3안	400명이 모두 죽는다
4안	3분의 1의 확률로 아무도 죽지 않거나 3분의 2의 확률로 모두 죽을 것이다

이 설문에 대해서는 약 78%의 응답자가 4안을 선택을 했고 약 22%의 응답자가 3안을 선택을 했다고 한다. 그런데 사실 알고 보면 1안과 3안 그리고 2안과 4안은 동일한 의미를 지니고 있다. 전체 600명 중에 200명을 구할 수 있다는 것과 400명이 죽는다는 건 결국 똑같은 말이다. 그러나 관찰자가 생존이라는 관점에서 보느냐 죽음이라는 관점에서 보느냐에 따라 인식의 결과가 전혀 다르게 나타날 수 있다.

심리적 오류를 제거하기 위한 방안으로 흔히 제로베이스Zero Base 사고의 중요성을 강조하기도 한다. 제로베이스 사고는 말 그대로 기존의 경험과 지식을 모두 버리고 백지상태에서 생각하는 것이다. 그러나 말이 쉽지 백지상태에서 어떻게 현상을 인식할 수 있겠는가? 자기가 아는 만큼 세상이 보이기 때문에 백지상태에서 관찰하고 인식한다는 건 사실상 불가능하다. 성인군자라면 모를까, 우리는 쉬운 방법을 찾아야 한다. 실현 가능한 현실적인 방법으로 다음과 같은 세 가지 차원의 관찰을 활용할 수 있다.

첫째, 내가 아닌 타인의 입장에서 어떻게 바라보고 받아들일지를 생각하는 것이다. 나와 반대의 입장에 있는 경쟁자나 고객이 이 현상을 어떻게 바라볼지 가정해 보는 것이다.

둘째, 과거에는 어땠고 미래에는 어떻게 변할 것인지를 생각하는 것이다. 시대에 따라서 보는 관점이나 가치가 달라지기 때문에 시대별로 분석해 보는 것이다. 사고가 발생했을 때 언론에서 과거 비슷한 사건들을 시간대 별로 정리한 정보를 뉴스로 다루는 것도 같은 맥락이다.

셋째, 다른 장소 다른 조직에서는 어떻게 볼 것인지를 생각해보는 것이다. 동일한 현상이라도 장소나 조직이 다르면 인식이 달라질 수 있다. 예를 들어 기업경영이라는 주제를 놓고 보더라도 일반 사기업의 경우 이윤극대화가 지상 최대의 목표이지만, 공기업의 경우 이윤창출보다는 공익을 더 중요한 목표로 삼을 수 있다.

이상의 3가지 관점을 동원하여 다각적으로 관찰하면 심리적 오류를 줄일 수 있다. 여기서 말하는 다각적 관찰이란 시간, 공간, 입장 차이를 구분하는 것이며, 그 차이를 인식하고 관찰해야 진정한 팩트 정보를 얻을 수 있다.

3

관찰한
정보를
기호화
하라

정보를 축적하고 기록하면 기호가 된다

창의력 프로세스의 두 번째 단계는 기호화Signalization다. 첫 번째 단계인 관찰이 '있는 그대로의 팩트를 찾는 단계'라면 기호화는 '팩트를 기록하고 정보화하는 단계'다. 정보화는 팩트를 공유하고 검증하기 위해 반드시 필요하며, 사전에 어떤 방식으로 정보화할 지를 결정해야 한다. 이를 위해 정보화의 기본도구인 문자와 숫자의 탄생 과정을 살펴보고 차트, 지표, 심벌과 같은 기호화 도구에 대해서도 살펴볼 것이다.

"남자한테 참 좋은데, 남자에게 정말 좋은데, 어떻게 표현할 방법이 없네. 직접 말하기도 그렇고."

모 회사 건강식품의 광고카피다. 회사의 오너가 직접 광고모델로 등장하여 구수한 경상도 억양으로 말하는 것이 전부인 광고다. 광고모델은 유명한 연예인도 아니고, 강한 개성이 있는 사람도 아니고, 대기업의 오너도 아니다. 그러나 광고카피가 그야말로 임팩트가 있었다. 이 광고카피는 텔레비전 예능 프로그램 등에서 여러 차례 패러디 되었고, 일반인들도 꽤나 많이 유행어처럼 따라 했다. 카피 중에서 "어떻게 표현할 방법이 없네."라고 말하는 부분이 핵심이었다. 건강식품의 경우, 자칫 과대광고로 문제가 될 수 있기 때문에 기능이나 효과를 광고에서 표현하기가 쉽지 않다. 게다가 이 제품의 경우 남성의 성기능과 관련한 표현의 제약 문제까지 있었다. 이러한 어려움을 시청자들이 이미 잘 알고 있기 때문에, 위트 넘치는 광고카피에 공감할 수 있었다.

광고업종에 종사하는 전문가들은 "광고는 한마디로 기호활동이다."라고 정의하기도 한다. 기호가 없으면 광고는 불가능하다고 말할 정도다. 이들이 말하는 기호는 새로운 제품과 서비스를 표현하는 매개체이다. 새로운 상품이 출시되었다고 해서 사람들이 무조건 관심을 갖거나 구매하지는 않는다. 소비자들이 그 상품의 목적과 용도를 인지하고 직접 구매하기까지 많은 시간이 걸리는데, 이 시간을 단축시키기 위해 가상 경험을 제공하는 것이 바로 광고다. 그리고 광고를 통해 소비자에게 전달되는 문자, 표시, 그림, 즉 기호들을 어떻게 배치하고 활용할 것인지가 광고의 핵심이다.

기호화를 이야기할 때 빼놓을 수 없는 또 하나의 분야가 수학이다. 수학은 인류가 상거래를 하면서 탄생하게 된 학문이라고 해도 과언이 아니다. 인류의 사회규모가 씨족·부족사회에서 도시·국가사회로 확대되면서 건설, 생산, 분배, 교역, 과세 등 경제생활에 필요한 계량적 정보가 필요하게 되었다. 또한 농업에 필수적인 계절, 날씨, 토지측량 정보 등을 수치로 표시하기 위한 기호도 필요했다.

서양의 역사를 보면, 집합과 방정식을 주요 영역으로 하는 대수학은 페르시아에서 유럽으로 건너가서 획기적으로 발전하게 되는데, 그럴 수 있었던 이유는 +, −, ×, ÷, =, ∩, ∪ 등의 수학 기호들이 유럽에서 만들어졌기 때문이다.

덧셈과 뺄셈 기호는 15세기 독일에서 처음으로 등장하였다. 기호를 만들게 된 배경에는 나름의 스토리가 있는데, 덧셈은 '그리고and'를 의미하는 독일어 'et'에서 유래되었다. 'et'를 필기체로 갈겨 쓴 것이 마치 십자가 모양과 같아서 '+' 모양의 심벌이 되었다. 뺄셈에 대해서는 몇 가지 설이 있다. 그 중 가장 유력한 설은 장거리 항해를 하는 선원들이 나무물통의 물이 줄어드는 표시를 날짜별로 한 것에서 '−' 모양의 심벌이 만들어졌다는 것이다.

이후 수학 역사에 한 획을 긋는 기호가 등장하는데, 바로 독일의 수학자 라이프니츠에 의해서 발명된 이진법이다. 17세기에 라이프니츠가 이진법을 만들지 않았다면 인류의 역사는 어떻게 바뀌었을까? 아마도 자동계산기에서 시작되어 컴퓨터로 이어지는 정보사회로의 발전은 기대하기 힘들었을 것이다.

한 가지 특이한 사실은 인류 역사에 지대한 영향을 끼친 라이프니츠의 기호(이진법)가 탄생하게 된 배경에 중국의 철학서 〈주역〉이 자리 잡고 있다는 점이다. 주역의 기본이 되는 3가지 사상은 '만물은 상호간 영향을 주고받는다' '모든 만물은 변화한다' '상호간에 영향을 주고 변화하는 것에는 원리가 있다'는 것인데, 이러한 3가지 사상을 음양의 기호로 표현한 것이 바로 '괘'다.

세종대왕이 창제한 우리의 위대한 유산인 훈민정음도 라이프니츠의 이진법, 주역의 괘의 탄생 원리와 같이 자연의 현상과 원리를 기호로 단순하게 표현했다는 점에서 매우 흡사하다. 한글의 모음은 '‧, ㅡ, ㅣ'에서 출발하는데, '‧'는 양陽인 하늘天을 본 떠서 만들고, 'ㅡ'는 음陰인 땅地을 본 떠서 만들었다. 그리고 'ㅣ'는 음과 양의 중간자인 인간人의 형상을 본 떠서 만들면서 천지인天地人의 자연원리를 담고자 했다. 자음의 창제원리가 사람의 구강구조를 소리대로 정확하게 묘사하고 있다는 사실은 고등학교 국어 시간에 귀가 따갑게 들었을 것이다.

라이프니츠의 이진법, 주역의 64괘, 훈민정음의 창제원리에서 얻을 수 있는 의미는 무엇일까? 그것은 바로 변화하는 현상을 기호로 단순하게 표현할 수 있고, 그 기호를 활용해 새로운 정보를 만들 수 있다는 사실이다.

기호화는 그 학문적인 역사도 깊고, 인류 전반에 미치는 영향이나 활용 영역도 방대하다. 이 책에서 이 같은 기호화의 전반적인 역사나 영역, 활용 등을 다루는 것은 적절하지도 않고, 그 방대한 영역을 다룰 만한 능력도 내게는 없다. 따라서 지금부터는 기호화의 여러 가지 특성 중 비즈니스를 위한 기호화에 초점을 맞추도록 하겠다.

기호화 영역 중에서 비즈니스에서 일상적으로 많이 활용하는 차트, 지표, 심벌 등에 대해서 알아볼 것이다. 각각의 기호 속에 그것을 만든 사람의 고뇌와 노력이 얼마나 많이 숨겨져 있는지를 알고 나면, 기호 하나하나의 소중함에 대해 다시 한 번 생각할 수 있게 될 것이다.

차트를 만들면 정보를
한눈에 볼 수 있다

"빨리빨리!"

종합상사에 근무하던 시절, 해외출장을 나갈 때마다 해외지사에 근무하던 현지인들이 내게 한 말이다. 내가 다니던 종합상사는 약 50여 개의 해외지사를 가지고 있었다. 덕분에 미국, 유럽은 물론 브라질, 칠레 등 남미까지 출장을 가기도 했다. 해외지사는 지사장을 비롯한 주재원과 현지에서 채용한 로컬 스텝들로 구성되어 있었다. 현지인들 대부분은 한국말을 모른다. 그러나 '빨리빨리'라는 한국어만큼은 어느 지역을 가더라도 정확하게 알고 있었다. 아마도 그들 눈에 비친 성질 급한 한국인들의 이미지를 대변하는 표현이었던 것 같다.

그들이 본 모습은 정확했다. 한국인은 일반적으로 성질이 급했다. 업무 보고도 한 눈에 보이게 해야 했다. 모든 보고는 결론 위주로 해야 했고, 보고서는 한 장짜리로 요약해서 만들어야 했다. 한 장짜리 보고서를 만들기 위해서는 정밀도가 높아야 한다. 한 눈에 상황이 보이도록 만들어서 빨리 결정할 수 있게 해야 하기 때문이다. 그러다 보니 보고서에 정보를 어떻게 정리해야 할 지 무척 고민이 많았다. 그래서 터득한 것이 정보의 시각화다. 가능하면 모든 상황을 차트와 그림으로 표현하려고 했다. 그래야 상황을 한 눈에 알아볼 수 있기 때문이다. 정보의 시각화란 전달하고자 하는 정보가 한 눈에 보이도록 만드는 작업이다. 흩어져 있는 정보를 차트나 그래프를 활용해 한 눈에 보이게 만드는 것이 대표적이다.

차트를 활용하여 목적을 달성한 대표적인 인물이 '백의의 천사' 나이팅게일Florence Nightingale이다. 19세기 중엽, 크림반도의 전쟁터에서 부상병들을 돌보던 나이팅게일의 가장 큰 고민거리는 본국과의 커뮤니케이션이었다. 나이팅게일은 야전병원을 운영하면서 영국 정부와 예산지원 문제로 많은 실랑이를 벌였다. 후방에 위치한 야전병원의 경우, 형편없는 시설은 물론이고 보급품과 의약품에 대한 지원이 상당히 부족했다. 지원이 부족한 이유는 분명했다. 영국 정부는 최전방 부상병들을 치료하는 것이 우선이라고 생각했고, 그래야 병사들의 사망률을 줄일 수 있다고 판단했기 때문이다. 나이팅게일은 수시로 현장 상황을 정부에 보고하고 지원과 협조를 요청했지만 번번이 묵살당하고 말았다.

어떻게 하면 이해관계자들이 현장의 상황을 빠르고 객관적으로 이해할 수 있게 만들 것인가를 고민하던 나이팅게일은 현상에 대한 정보를 차트로 표현하기로 마음먹었다. 그녀는 본국 의사결정권자들이 상황을 정확하게 판단할 수 있도록 병사들의 부상 정도, 질병, 사망률 등이 담긴 자료를

◆ 나이팅게일의 장미 다이어그램

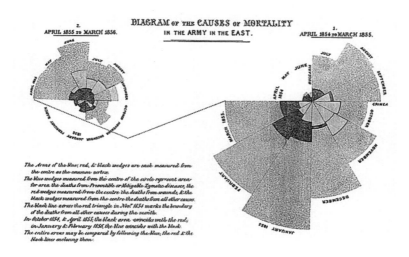

차트로 작성하게 된다. 이것이 바로 그 유명한 나이팅게일의 장미 다이어 그램Rose Diagram이다.

장미 다이어그램은 나이팅게일이 야전병원에서 관찰한 질병감염자, 부상자, 사망자에 관한 정보를 장미 모양의 차트로 기록한 것으로부터 유래했다. 월 단위로 기록한 차트가 장미꽃잎과 같은 모양이었고, 이를 연 단위로 정리한 모양이 장미꽃과 비슷하다고 해서 장미 다이어그램이라는 이름이 붙게 되었다.

나이팅게일은 현상에 대한 팩트 정보를 차트로 만드는 과정에서 새로운 사실들을 발견하게 된다. 대표적인 것이 야전병원의 위생상태에 따라 부상자의 사망률이 달라진다는 점, 부상으로 인한 사망률보다 질병에 의한 사망률이 더 높다는 점이었다. 나이팅게일이 작성한 장미 다이어그램은 이러한 상황을 한눈에 파악할 수 있도록 구성되어 있었다. 차트를 중심으로 작성된 나이팅게일의 보고서는 설득력이 있었고 결국 영국 정부로부터 전폭적인 지원을 받았다. 그리고 더 나아가서 병사들 사망에 대한 원인을 정확하게 규명하여 사망률을 획기적으로 줄이는 데 기여하였다. 지금이야 다양한 오피스 프로그램으로 차트를 만들 수 있지만, 컴퓨터는커녕 사무용품도 제대로 쓸 수 없었던 19세기 중엽에 장미 다이어그램과 같은 차트를 만들어서 활용했다는 건 정말 대단한 발상이었다.

MS 오피스의 엑셀, 파워포인트, 워드와 같은 프로그램의 '차트 만들기' 메뉴에는 일반인들에게 생소한 '캔들 차트'라는 것이 있다. 이 차트는 시장의 가격 흐름을 기호로 나타내는 것으로, 전 세계의 금융권에서는 널리 쓰이고 있다. 놀라운 사실은 이 차트를 만든 사람이 일본 에도 시대에 오사카에서 쌀장사를 했던 '혼마 무네히사'라는 상인이라는 점이다.

93쪽 그림과 같이 캔들 차트는 정해진 단위시간 별 가격 흐름을 시작점, 최고점, 최저점, 종료점으로 나누어 표현한 것이다. 각 시점의 가격을 시가 · 고가 · 저가 · 종가로 구분하고 시가와 종가의 차이를 캔들 차트의 몸통 길이로 표현하였다. 93쪽 왼쪽 그림과 같이 종가가 시가보다 높으면 가격이 상승한 것이다. 이때 몸통 색깔은 하얀색 또는 붉은색으로 표시하고 이를 양봉이라고 부른다. 오른쪽 그림은 반대로 종가가 시가보다 낮은 경우이다. 이것은 시장의 하락을 의미하며 몸통 색깔을 검은색 또는 파란색으로 표시하여 음봉이라고 부른다. 그리고 몸통과 고가 또는 몸통과 저가 사이의 차이는 선의 길이로 표시하는데 이를 차트의 꼬리라고 부른다. 단위시간은 분, 시간, 일, 주 단위 등 목적에 따라서 마음대로 정할 수 있다.

◆ 캔들 차트

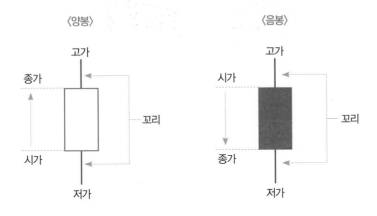

혼마가 캔들차트를 만들 당시, 일본 시장에서는 쌀이 화폐를 대신할 만큼 환금성이 컸고, 현찰과 비슷한 금융수단으로 통용되었다. 당시 곡물시장에는 모내기를 하는 초여름에 미리 수확기의 쌀 가격을 흥정하여 거래하는 입도선매 계약이 성행했다. 요즘으로 치면 일종의 선물거래와 비슷한 셈이다. 당시 오사카를 중심으로 약 1천명이 넘는 쌀 상인들이 활동하고 있었는데, 혼마도 그들 중 한 명이었다. 착실하게 장사를 하던 혼마에게 어느 날 큰돈을 챙길 욕심이 생겼고, 선물거래에 손을 댔다. 항상 그렇듯 욕심은 모든 화의 원인이다.

혼마는 무리한 투자로 엄청난 손실을 보게 된다. 당시 쌀 거래 선물시장은 지금과 마찬가지로 사람들의 투기심리 때문에 수시로 가격이 등락했다. 혼마는 시장의 투기 심리에 매달려 이리 저리 흔들렸고, 결국 모든 재산을 잃고 가족도 부양할 수 없는 형편이 되었다.

예나 지금이나 이런 상황이 되면 대부분의 사람들은 극단적인 선택을 하게 된다. 혼마도 속세와의 인연을 끊고 산속 깊은 절로 들어갔다. 공황에 빠진 혼마는 절에 들어가서도 마음을 추스르지 못하고 넋이 나간 사람처럼 매일 멍하니 있었다. 그런 혼마를 안타깝게 지켜보던 주지 스님이 선문답 같은 질문을 던진다.

"혼마야, 저기 있는 깃발이 무엇 때문에 펄럭인다고 생각하느냐?"

혼마가 의아하다는 표정을 지으며 대답했다.

"그야 바람 때문이지요."

그러나 주지 스님으로부터 돌아온 대답은 혼마의 기대와 전혀 다른 것이었다.

"깃발이 펄럭이는 것은 네 마음이 흔들리기 때문이다."

이 말에 혼마는 크나큰 깨달음을 얻게 되었다고 한다. 주지 스님의 한마디에 영감을 얻은 혼마는 사람의 심리를 표현하고 읽을 수 있는 기호를 만들게 되는데, 그것이 바로 캔들 차트다.

캔들 차트를 만들면서부터 혼마에게 시장의 흐름과 현상이 보이기 시작했다. 시작보다 종료시점의 가격이 높은 양봉이 나타나면 사람들의 마음은 흥분상태로 이어졌다. 특히 침체된 시장상황에서 양봉이 연속 3개 출현하면 향후 시장이 상승으로 이어진다는 것을 발견하게 된다. 그래서 혼마는 이를 '적삼병'이라고 했고, 적삼병이 차트에 나타나면 여지없이 쌀을 매집하였다. 거꾸로 과열된 시장에서 음봉 3개가 연속해서 출현하면 반드시 가격폭락으로 이어진다는 사실을 발견했다. 혼마는 이를 '흑삼병'이라고 칭하고 흑삼병이 차트에 나타나면 가지고 있던 쌀을 내다 팔았다.

혼마는 캔들 차트를 보며 상품의 가격과 사람들의 심리가 어떻게 움직이는지를 파악할 수 있게 되었고, 결국 당대 최고의 상인이 되었다. 250여 년이 지난 지금도 수많은 사람들이 캔들 차트를 활용해 시장을 분석하고 연구하고 있으며, 금융시장을 분석하는 핵심도구로 활용하고 있다.

지금은 어떤지 모르겠는데, 예전에는 증권사 신입사원 교육과정에 차트를 손으로 그리는 수업이 포함되어 있었다. 학창시절 모눈종이에 그래프를 그리듯 일일이 점을 찍어서 차트를 만들어 보게 한 것이다.

차트 만드는 일을 어렵게 생각하지 말자. 평소 간단한 테이블 형태의 데이터 등을 차트로 만들어 보자. 소프트웨어에서 제공하는 '차트 마법사' 기능을 활용하는 것도 좋다. 처음 차트를 작성할 때는 익숙지 않아서 귀찮고 불편한 느낌이 들겠지만, 몇 번만 해보면 금세 감이 생길 것이다. 그러다 보면 어떤 정보와 데이터들이 중요하고 어떻게 차트로 표현하는 것이 효과적인지도 자연스럽게 알게 될 것이다.

경제지표를 보면
나아갈 길이 보인다

"뻔한 야구, 여지없이 벌떼 야구네요."

직장동료들과 호프집에서 야구경기를 보는데 후배 직원이 볼멘소리를 했다. 그 후배가 원래 두산 베어스의 팬이라서 그런가 싶었다. 그래도 그렇지 동료들이 함께 모여서 SK 와이번스를 응원하고 있는데 딴 소리를 하는 모습이 영 보기 싫었다.

"뭐가 어때서 그래, 잘 하고 있구만."

내가 마음에 안 든다는 투로 한마디 했다.

"김성근 감독의 야구는 재미가 없어요. 정말 뻔해요."

후배 직원은 그렇게 생각하는 이유를 장황하게 늘어놓았다. 한참 얘기를 듣다 보니 정말 그렇다는 생각이 들었다. 평범하고 알맹이가 없어 보였다. 인해전술 같이 벌떼 식으로 상대방을 피곤하게 하는 것이 작전의 전부인 것처럼 느껴졌다.

야구 감독은 다른 스포츠 감독들과 다른 점이 많다. 경기 당 소요시간은 3~4시간 정도다. 이 중 선수들끼리 경기를 진행하는 시간은 약 1시간 반 정도고, 나머지 2시간 이상은 사인을 주고받거나 교대하며 작전을 짜는 시간이라고 한다. 감독의 사인에 따라 경기가 운영되는 사인 플레이가 많아서, 야구는 선수가 아닌 감독이 하는 시합이라고 말하는 사람들도 많다. 각 프로 야구팀은 한 시즌 당 120~130경기를 치른다. 장기간에 걸쳐 많은 경기를 치러야 하기 때문에 감독의 관리능력이 대단히 중요하다. 감독이 선수들의 기용은 물론 훈련까지 모두 책임져야 하기 때문에 업무영역도 무척 넓은 편이다.

흔히 야구를 데이터베이스 스포츠라고 한다. 더그아웃에 앉아 있는 김성근 감독을 보면 항상 뭔가를 열심히 적는다. 그의 기록에는 자기 팀뿐만 아니라 상대방 팀 선수들까지도 포함된다. 그래서 그 어느 야구감독보다 경기 상황과 선수들의 특징을 잘 파악하고 있다.

현상의 특성을 대변하는 지수나 척도 등의 기호를 지표Indicator, Index라고 한다. 선수를 평가하는 지표들은 무수히 많다. 타자의 경우 타율 · 장타율 · 출루율 등이 있고, 투수의 경우 방어율 · 출루허용률 · 피안타율 등이 있다. 타자의 경우, 투수가 구사하는 20여 가지 구질 중 잘 치는 구질과 못 치는 구질이 있는데, 김성근 감독은 타자들의 구질 별 장단점을 지표로 파악하고 있다고 한다. 매 경기 선수를 기용할 때마다 선수의 컨디션보다 지표에 의존한다고 한다. 지표는 객관적인 것이고 컨디션은 주관적인 것이기 때문이다. 김성근 감독의 판단력은 객관적인 지표를 활용함으로써 발휘되는 것이라 해도 과언이 아니다. 그래서 그를 야구의 신, 즉 야신野神이라고 부르는지도 모른다.

지표의 의미를 사전에서 찾아보면 '방향, 목적 또는 기준 등을 나타내는 표식'이라고 되어 있다. 그런데 현상을 보고 방향, 목적, 기준을 찾는다는 건 여간 어려운 작업이 아니다. 명확한 목적과 기준이 있어서 지표를 만든 다기보다는 목적과 기준을 찾기 위해 지표를 만든다는 표현이 어쩌면 더 정확한 지도 모르겠다. 사람에 대한 평가지표는 학력, 재산, 직업, 건강, 가치관, 경력, 성실성, 진실성, 적극성 등 다양한 측면에서 도출되는데, 각각의 지표들이 나름대로 다 의미가 있기 때문에 어떤 것이 제일 중요한 평가지표라고 말하기는 어렵다.

지표들을 하나씩 뜯어보면 어떤 것은 과거 그 자체를 보여주는 것이고, 어떤 것은 현재의 상태만을 나타내는 것이며, 또 어떤 것은 미래의 가능성만을 나타내기도 한다. 따라서 지표를 보았을 때, 그 지표가 현재의 결과만 설명하고 있는지, 현재보다 미래의 성장 가능성을 보여주는지, 문제와 위기에 대한 신호를 보내는지를 잘 살펴야 한다. 그러고 나서 상황에 따라 지표를 해석하고 활용해야 한다.

나는 평소 통계청과 한국은행에서 발표하는 자료를 자주 본다. 이 기관들에서 발표하는 자료는 사회 현상을 파악하고 조류를 읽는 데 도움이 된다. 고맙게도 해마다 통계청에서 우리나라의 사회상을 종합적으로 분석하여 전반적인 변화를 쉽게 파악할 수 있도록 〈한국의 사회지표〉라는 자료를 발간한다. 이 자료는 통계청을 비롯한 여러 기관에서 만든 자료를 종합한 것으로, 한국인의 문화활동, 결혼, 이혼, 기대수명 등 25가지 서로 다른 주제별 분포를 보여준다. 사회변화와 관련한 지표 중 이만한 자료도 없는 것 같다. 그 중 시장의 핵심 특성을 가장 잘 설명할 수 있는 지표를 꼽으라면 소비자심리지수 · 경기실사지수 · 미국경기실사지수 · 경기선행지표 · 총통화 이상 5가지로 축약할 수 있다.

첫째, 시장의 흐름을 읽고 재테크 전략을 결정할 때는 소비자심리지수 CSI, Consumer Sentiment Index를 자주 활용한다. 이 지표는 한국은행에서 월 단위로 발표하는데, 세부 항목을 살펴보면 각 개인들이 느끼는 현재 생활형편에 대한 의견, 소득전망, 취업상황, 부채, 주택가격전망, 소비지출 등으로 구성되어 있다. 이 중 외식비, 여행비, 교육비, 오락비, 의료비 등 소비지출 항목을 보면 업종별 내수시장의 전망이 가능하다. 주택가격전망을 통해서는 아파트 가격이나 주거용 부동산 관련 가격에 관한 전망을 할 수 있다. 개인 소비자들의 주택전망 의견은 통상 3개월에서 6개월 정도 선행하여 부동산 시장에 반영된다. 소비자심리지수는 다른 지표와 달리 순수하게 개인들의 의견을 중심으로 조사하기 때문에 일반인들이 체감하는 장바구니 물가를 알 수 있다는 장점이 있다. 그러나 조사대상 표본의 수가 약 2,500 가구 정도 밖에 되지 않아서 대표성의 문제가 발생할 수 있다는 점이 다소 아쉽기는 하다.

둘째, 거시경제의 흐름을 읽을 때에는 경기실사지수 BSI, Business Survey Index가 도움이 된다. 소비자심리지수가 소비경제에 대한 일반 소비자의 의견을 조사한 것이라면, 경기실사지수는 기업의 생산 및 경영에 관한 의견조사다. 경기실사지수는 거시경제의 흐름을 살피는 데 도움이 되는데, 흔히 기업경영 상황이 좋다거나 나쁘다거나 하는 상황은 기업의 생산활

◆ 시장변화를 이해하기 위한 필수지표

구분	세부 내용
소비자 심리지수	· 전국 모든 도시의 2,500가구 대상 설문조사 · 경기 판단이 긍정적인지 부정적인지를 파악함 · 지표구간은 0~200 사이이며, 통상 100 이상이면 소비심리가 긍정적이라고 판단하고 100 이하면 부정적으로 판단함
경기실사 지수	· 외국의 PMI (Purchasing Manager's Index)와 동일 · 매출액 5억 이상인 2,400여 개 업체를 대상으로 조사 · 통상 100 이상이면 소비심리가 긍정적이라고 판단하고 100 이하면 부정적이라고 판단함 · 생산, 매출, 가동률, 채산성, 자금사정 등을 조사
미국경기 실사지수	· 미국 350명의 구매 관리자들 대상으로 설문조사 · 지수 50을 기준으로 50 이상이면 소비심리가 긍정적이라고 판단하고 50 이하면 부정이라고 판단함

경기 선행지표	· 6개월 정도 경기에 선행하는 10가지 요인으로 지표 구성
	· 구인구직비율, 기계수주액, 건설수주액, 자본재 수입액,
	  재고순환지표, 순상품 교역 조건, 소비자심리지수, 주가,
	  총유동성, 장단기 금리차 등

총통화	· 시중 유통 현금과 현금성 자산 · 유동성의 전월 대비 변화로 경기 예측 · 유동성 개념과 일치 · M1 현금과 요구불 예금 + 정기예 · 적금 및 부금 + 시장형 상품 + 실적배당형 상품 + 금융채 + 기타(투신저축, 종금사 발행 어음) 등

동과 영업 현황을 보며 파악할 수 있다. 경기실사지수의 세부 항목은 예상 매출액, 신규 수주 규모, 공장 가동률, 영업 채산성, 기업 자금 사정 등으로 구성되며 국내 기업들의 전반적인 경영 실태를 한 눈에 파악할 수 있다. 이 지표의 단점은 반도체, 조선, 자동차, 석유화학 등 업종별로 세분화되어 있지 않다는 점이다. 단순히 제조업과 비제조업으로 구분되어 있어서 구체성이 다소 떨어진다. 그러나 전반적으로 국내 기업의 경영 상태와 흐름을 읽는 데는 제격이다.

셋째, 해외시장의 변화는 ISM Institute for Supply Management 지표 중심으로 보면 많은 도움이 된다. ISM은 미국의 경기실사지수인데, 이와 비슷한 것으로 유럽이나 중국을 비롯한 아시아 국가들의 경기실사지수인 PMI Purchasing Manager Index 지표가 있다. ISM과 PMI 두 지표는 언론 매체에서 해외시장의 동향을 분석하거나 보도할 때 자주 등장하는 지표이다. ISM 지표와 PMI 지표는 해외경제지표의 선행지표가 되기도 한다.

넷째, 경기선행지표는 향후 경기가 어떻게 전개될지 흐름을 파악하는 지표이다. 경기지표는 크게 선행지표, 동행지표, 후행지표 3가지로 구분한다. 동행지표는 현재의 경기상황을 평가하는 하는 것이고 후행지표는 선행지표나 동행지표의 정확도를 확인할 때 활용하는 지표다. 경기지표 중에서 경제 주체들이 관심을 갖고 보는 것이 선행지표인데, 약 6개월 이후의 경제를 예측하는 지표로 활용한다. 경기선행지표의 구성 요소로는 앞서 살펴본 소비자심리지수를 비롯하여 기계 등 자본재 수입 규모, 신규 건설 수주 규모 등 10가지 요소로 구성된다. 선행지표의 단점은 소비자심리, 수입, 수주, 신규 고용 등 여러 경기 선행 요소들을 종합하기 때문에 단기적인 경기예측이 어렵다는 점이다. 그런 이유 때문에 단기적 경기예측을 위해 앞서 살펴본 소비자심리지수와 이어서 소개할 총통화지표를 활용하는 것이다.

다섯째, 시중 통화량을 대표하는 총통화지표는 금융시장을 분석하고 예측하는 핵심 요소다. 총통화가 증가한다는 것은 개인과 기업의 자금 흐름이 양호하고 향후 금융투자시장이 활성화 될 것임을 의미한다. 총통화에는 현금, 수시 입출 및 요구불 예금, 단기 금융상품에 해당하는 수익증권·금융채권·금전신탁 등의 자금이 포함된다. 시장경제에서 돈의 규모는 경제 잠재력과 투자가능성을 의미한다. 여러 통화지표 중에서도 총통화가 의미가 있는 이유는 실제 지급이나 유통에 활용할 수 있는 통화량의 척도가 되기 때문이다. 총통화는 마이너스 경제 성장만 아니라면 지속적으로 늘어난다. 그래서 중요한 건 증가 속도다. 총통화 증가 속도가 예전과 다르게 폭이 크다면, 단기적으로 급성장할 것임을 예측할 수 있는데, 다른 지표에 비해서 매우 정확하다.

경기의 흐름을 포괄적으로 살피고 싶다면, 소비자심리지수를 보며 시장의 흐름을 파악하되 거시적 환경 지표인 경기선행지표, 총통화지표, 해외동향지표를 참고하는 것이 바람직하다. 시장에 참가하고 있는 주체들은 누구나 현재 상황이 어떻고, 향후 어떤 방향으로 경기가 움직일지 궁금해한다. 그런 이유로 시장의 현재를 평가하고 미래를 정확하게 예측할 수 있는 지표를 만들려고 노력한다.

미래의 변화시점을 정확히 예측할 수 있다면 세계 최고의 부자가 되는 일도 식은 죽 먹기일 것이다. 그러나 미래의 변화시점을 정확하게 예측할 수 있는 지표를 개발하기는 어렵다. 시장지표는 미래를 예측하는 데 도움이 되는 나침반 같은 역할을 하는 것이 아닐까 싶다. 나침반은 방향을 알려주지만 성공을 보장해주지는 않는다. 지표를 통해 시장의 흐름을 읽는 데에 의미를 두어야 한다. 대응은 그 다음의 과제다. 이것이 우리가 지표를 만들고 활용할 때 명심해야 할 사항이다.

실용적이고 정확하고
대표성 있는 지표를 찾아라

　관찰의 결과를 기호화하기 위해서는 필연적으로 거쳐야 하는 과정이 있다. 바로 추상화 과정이다. 우리가 관찰하는 것은 존재하는 현실이며 실체다. 그러한 현실을 극히 제한된 기호라는 틀 속에 담아두기 위해서는 단순화하고 일반화하는 추상화 과정을 거칠 수밖에 없다.

　추상화란 구체적인 사물에서 일부 특성만을 파악하여 인식의 대상으로 삼는 행위를 말한다. 그러다 보니 특정 부분에 대한 객관성이 결여될 경우 일반인들이 이해하기 어려워지는 문제가 발생하기도 한다. 위대한 천재들이 뛰어난 업적을 발휘한 과정을 보면 관찰 및 분석의 결과를 가시적인 이미지, 심벌, 단어, 문장 등으로 표현하는 것을 볼 수 있는데, 이것이 바로 일종의 추상화 과정이다. 이러한 추상화 과정을 거쳐서 만들어진 기호들은 문자, 수학기호, 화학기호를 비롯하여 만화 캐릭터에 이르기까지 무척 다양하다.

　새롭게 관찰한 사실을 기록하기 위해 새로운 기호를 사용하는 일은 무척 어렵다. 어쩌면 기록하는 그 자체만으로도 창의력의 산물이라고 할 수 있다. 어린 아이가 자기가 처음 본 현상을 설명할 때 어려움을 겪는 모습을 생각해 보면 쉽게 이해할 수 있을 것이다. 어린 아이들이 어려움을 겪는 이유는 자신이 활용하고 표현할 수 있는 기호들이 극히 제한되어 있기 때문이다. 그러다보니 설명이 장황하게 길어지는 경우가 많다. 성인의 경우도 마찬가지다. 익숙하지 않은 상황이나 현실을 경험하면, 그 경험을 설명하기가 무척 어렵다. 이미 알고 있는 기호가 아닌 새로운 기호로 자신의 경험을 표현해야 하기 때문이다.

　한 분야에 정통한 전문가들도 이전에 경험하지 못했던 새로운 것을 관찰하게 되면 그것을 표현하는 데 어려움을 겪는 경우가 자주 있다. 그런 이유로 기호화 과정에서 자주 나타나는 문제는 관찰의 결과를 표현한 것이 이해하기 어렵거나 객관성을 갖기 어렵다는 점이다.

　일반적으로 기호는 실용적Practical이면서, 정확해야Accurate 하며, 현상을 잘 표현할 수 있는 대표성Representative이 있어야 한다. 이것을 'PAR 원칙'이라고 하는데 Practical, Accurate, Representative의 단어 첫 글자를 합친 것이다.

　이 원리에 충실하지 않으면 관찰의 결과를 추상화하여 만든 기호가 자의적이고 주관적일 가능성이 매우 높아진다. 기호화의 PAR 원칙은 새로운 현상에 대해 어느 누가 기호화를 하더라도 결과가 비슷하게 나올 수 있게 하는 원리라고 볼 수 있다. 기호화 단계에서 PAR 원칙이 깨지게 되면 기호의 의미를 상실하게 된다. 그럼 지금부터 기호화의 기본 원칙이라고도 할 수 있는 PAR 원칙에 대해 하나씩 살펴보자.

첫째, 실용성이다. 실용성이 있어야 한다는 말은, 새로 만든 기호가 일반적으로 통용되고 활용될 수 있어야 한다는 의미이다. 기호가 실용적이지 않으면 타인들과 공유하기 힘들다.

아주 오래 전, 내가 군대에 있던 시절의 일이다. 한 번은 게릴라 훈련이 있었다. 게릴라 훈련은 스스로 가상의 적군이 되어 정규훈련에 참가한 부대의 임무수행을 방해하거나 교란하는 훈련이다. 야간에 주로 활동이 이루어지기 때문에 주간에는 대부분 휴식을 취하고 몇몇 소수 인원만 사전 정찰업무를 수행한다. 이 게릴라 작전의 성공여부는 정찰 정보를 정확히 이해하고 활용하는 데에 달려 있었다. 그래야만 공격대상의 현황과 위치를 파악하고 허점을 찾을 수 있기 때문이다.

작전수행에 앞서 정찰을 담당한 부대원들이 공격대상 부대의 상황과 위치를 파악한 작전현황 약도를 전달하면, 그 약도를 보고 부대 전체가 게릴라 전투를 펼치게 된다. 그런데 문제는 지도에 적힌 내용을 제대로 파악하지 못하는 데서 발생하곤 했다. 지도를 전달한 사람과 전달받은 사람이 위치나 거리, 지형지물, 산과 계곡의 경사도 등을 서로 다르게 해석하는 바람에 일을 그르치는 경우가 자주 있었다.

이 훈련 임무를 성공적으로 완수하는 경우를 보면, 약도를 잘 구성하는 정찰병들의 역할이 크게 작용했던 것을 발견할 수 있었다. 그들은 정찰한 사항을 남들이 쉽게 이해하고 이미지를 그릴 수 있도록 심벌을 잘 활용했다. 도로나 산의 경사도 등을 이해하기 쉬운 기호로 표현했고, 흔히 볼 수 있고 누구나 알 수 있는 교통표지판이나 지도 심벌을 잘 활용했다.

실용성 있는 기호가 되려면 남들과 공통적으로 이해할 수 있는 기호를 만들어야 한다. 실용성이 담보되지 않은 기호는 무용지물이다. 관찰한 내용을 추상화하는 과정을 거치면서 이해하기 힘든 난해한 기호가 되기 쉬우므로 이 점에 특히 주의해야 한다.

둘째, 현상을 정확하게 표현할 수 있는 기호를 선택하는 일이다. 이는 객관성과 밀접한 관련이 있다. 이를 위해서는 가급적 정량적이고 계량적인 특성이 있는 기호를 선택해야 한다. 현장에서 일을 하다 보면 "측정할 수 없는 것은 관리할 수 없다."라는 말을 자주 하게 된다. 계량적으로 표현한다는 것은 주관성이 배제된 객관적인 사실을 표현하는 것이다. 예를 들어 음식이 싱겁다거나 짜다고 말하는 것은 주관적인 느낌이 강하다. 그런데 이를 "음식의 염도가 0.5%다."라고 수치로 표현하면 정확하게 어떤 상태인지 파악할 수 있다.

가끔 신문 기사를 보면 층간 소음으로 인한 이웃 간 다툼이 사회문제로 대두되곤 한다. 내가 살고 있는 아파트도 예외는 아니다. 주민대표 회의나 반상회에 참석하면 층간 소음에 대한 불만들이 터져 나온다. 문제는 가해자와 피해자가 서로 동일한 현상에 대해 느끼는 정도의 차이가 크다는 점이다. 가해자 입장에서는 피해자가 신경과민이라고 생각하고, 피해자 입장에서는 가해자가 자기만 생각하는 것처럼 보인다. 그래서 가해자와 피해자 간의 의견 차이가 좀처럼 좁혀지지 않는다.

그러다가 최근에 관리사무소장이 소음측정기를 가지고 나타나면서 층간 소음으로 생기는 갈등이 많이 줄었다. 그간 층간 소음에 대해 막연히

작다, 크다고 이야기하던 것을 데시벨dB 단위로 측정하면서 소음에 대한 상황 인식이 명확해졌기 때문이다.

관찰사항을 정량적으로 표현하는 것이 아파트 소음처럼 단순하고 간단하기만 한 것은 아니다. 하지만 측정할 수 있는 기호 단위에 어떤 것들이 있는지 생각하는 습관을 가지고 있어야 기호화의 실마리를 찾을 수 있다는 것 또한 분명하다.

셋째, 대상의 대표성을 생각하는 일이다. 관찰한 것의 대표적인 특징을 표현한다는 것은 관찰한 대상의 본질을 파악한다는 뜻이다. 앞서 설명했듯이 기호화는 복잡한 현실을 단순한 형태로 형상화하고 추상화하는 과정을 거치는데, 여기서 중요한 것이 대표성이다.

기호의 대표성 문제를 가장 많이 고민하는 정부기관 중 하나가 통계청이다. 통계청에서 발표하는 내용 중 자주 문제를 일으키는 것이 소비자 물가다. 통계에 나타난 소비자 물가와 서민들이 피부로 느끼는 물가의 차이가 크기 때문이다. 통계청에서는 소비자 물가 지표를 작성하기 위해 약 500여 개 품목들의 가격을 조사해서 물가기준을 정한다. 500여 개 품목도 무작위로 선정하는 것이 아니라 수많은 생활용품 중에서 소비 비중이 높고 소비자 물가를 대표할 만한 것들을 대상으로 한다. 조사지역 역시 어느 한 지역에 편중하지 않고 전국적으로 실시한다. 그런데도 여전히 지표의 대표성에 대한 문제가 심심찮게 지적되고 있다.

이처럼 어떤 현상을 완벽하게 대표하는 지표는 없다. 대표성과 관련해서는 기호화된 내용이 실제 관찰한 것에 어느 정도 부합하거나 설명할 수 있는지를 파악하는 것이 중요하다.

지금 이 순간에도 수많은 기호들이 만들어지고 사라진다. 만들기도 어려운 기호가 쉽게 사라지는 이유는 대부분 PAR 원칙에 부합하지 않기 때문이다. 이러한 점을 제대로 이해하고 적용해나가야만 제대로 된 기호화를 실행할 수 있다.

성공하고 싶다면
메모를 축적하라

기호화는 본질적으로 현상을 기록하는 행위이며, 기록하는 그 자체가 창의적 활동이기도 하다. 관찰 결과를 기록하는 것은 단순히 정보를 축적하는 것 이상의 의미를 가진다. 기호화 과정에서 현상의 특징을 잡아내는 것도 기록의 부수적인 효과 중 하나라고 할 수 있다.

창의력을 주제로 강의할 때마다 참가자들을 대상으로 최근 2~3일 동안 경험하고 관찰한 사항들을 핵심단어로 열거하는 워크숍을 진행한다. 이 때, 대부분의 참가자들은 단어를 30개 이상 열거하지 못한다. 그런데 가끔 복사용지 한 장을 가득 메우는 참가자들이 나타난다. 나이, 성별, 직업 등이 모두 다 제 각각이지만, 이들에게는 공통점이 있다. 바로 메모하는 습관을 가지고 있다는 점이다.

천재들의 광적인 메모 습관은 종종 흥미로운 이야깃거리가 된다. 레오나르도 다빈치는 관찰한 결과를 닥치는 대로 그림으로 표현하였는데, 때때로 관찰한 내용에 자신의 상상력을 곁들인 스케치를 남기기도 했다. 스케치를 하다가 관찰이 부족했다고 느끼는 부분은 완벽해질 때까지 다시 관찰하고 스케치하기를 반복했다. 그가 섬세하게 스케치한 비트루비안 인체비례도, 신체구조도, 탱크, 날개, 글라이더, 헬리콥터, 동력전달구조 등의 그림은 수많은 후대인들에게 영향을 주게 된다.

다빈치와 같은 천재적인 메모 습관은 다른 분야에서도 어렵지 않게 찾아볼 수 있다. 메모하면 떠오르는 또 다른 인물은 발명왕 에디슨이다. 에디슨은 정규 교육을 받지 못했지만 독학으로 부족한 부분을 채워나갔다. 잘 알려진 바와 같이 에디슨은 엄청난 독서광이었다. 많은 책을 읽는 것은 물론이고 신문이나 잡지도 늘 가까이 했다. 그리고 단순히 독서에 그치지 않고 자신이 읽은 자료를 메모하고 정리했다. 메모하는 과정에서 정리가 잘 되지 않는 부분은 레오나르도 다빈치와 비슷하게 다시 책의 내용을 확인하며 체계적으로 정리하였다. 에디슨이 남긴 메모 노트가 3,400권이 넘고 낱장으로는 500만 장이 넘는다고 하니, 과히 놀랄만한 메모광이 아닐 수 없다.

사람들은 메모를 기억력의 한계를 극복하기 위한 도구 정도로 사용한다. 그러나 메모는 현상을 이해하고 관련된 의문사항과 개념을 정리할 때에도 큰 도움이 된다. 메모의 강력한 파워 중 하나는 순간적으로 스쳐 지나가는 아이디어를 기록하여 새로운 창조의 지렛대로 활용할 수 있다는 점이다. 〈머니볼〉〈뉴스룸〉을 비롯한 여러 영화의 각본을 쓴 작가 에런 소킨Aaron B. Sorkin은 바텐더로 일하면서 떠오른 아이디어를 냅킨에 적어

〈어 퓨 굿 맨A Few good men〉의 시나리오 구상을 완성했고, 버진 그룹의 리처드 브랜슨 회장은 유별난 메모 습관으로 창의적 경영의 원동력을 만들어내기도 했다.

지금부터 할 이야기는 과일 노점상을 하는 어느 할아버지에 관한 이야기다. 이 할아버지는 내가 사는 동네에서 꽤 오랫동안 과일 노점상을 했다. 이 할아버지의 자녀들도 과일 장사를 하는데, 그들은 노점상이 아니라 규모가 제법 큰 점포와 종업원을 거느린 어엿한 사장들이었다. 놀라운 사실은 할아버지가 모든 자녀들의 점포를 사주었다는 점이다. 할아버지 본인도 자녀들보다 더 크게 점포를 내서 장사를 할 수 있지만, 무슨 이유에서인지 노점상을 계속 고집하고 있다. 한마디로 알부자 할아버지다.

이 분이 과일 장사를 해서 돈을 많이 벌게 된 것도 메모습관 덕분이었다고 한다. 과일과 야채는 상품의 특성상 계절적 영향을 많이 받고 가격변동 또한 심하다. 그래서 때때로 입도선매 비슷한 예약거래를 하는데, 가격 예측이 잘 맞으면 돈을 꽤 많이 벌 수 있는 특성이 있다. 할아버지는 장사를 처음 시작할 때부터 매일 매일 그날의 매출상황을 종류별로 메모했다고 한다. 그 메모에는 그 날의 날씨와 고객의 숫자까지 기록되었다. 메모를 주간단위와 월간단위로 정리하여 합계를 낸 뒤에는, 수치들을 그림으로 그렸다. 나름대로 차트를 만든 것이다.

오랜 기간 동안의 메모 습관 덕분에 할아버지는 날씨와 과일 가격의 상관관계를 파악할 수 있었다. 그리고 그 차트를 이용해 시장변화를 읽고 예측하는 직관을 키웠다. 그 결과, 작은 점포 하나 구할 수 없는 어려운 처지에서 장사를 시작했지만, 나중에는 자녀들을 모두 대학교육까지 시키고 집과 점포까지 마련해 주는 훌륭한 결과를 얻게 되었다.

이 이야기를 들으면서 대단하다고 생각한 부분은 할아버지가 매일 매일 꾸준하게 유동인구와 날씨에 관한 정보를 메모했다는 점이다. 처음에는 수입, 지출 등 매상에 관한 사항만 메모하다가 우연하게 날씨와 유동인구도 중요하다는 생각으로 메모에 포함시켰다고 한다. 이렇듯 메모가 생활 습관이 되면 일상에서 접하는 수많은 정보 중 필요한 것들만 선택적으로 수집할 수 있는 요령이 생긴다.

대부분의 사람들이 메모의 중요성을 알고 있다. 그러나 무엇을 메모해야 하고, 그 메모가 자신에게 어떤 도움을 주는지는 잘 인식하지 못한다. 그래서 실천하고 습관화하기가 쉽지 않다. 나 역시 메모가 몸에 밴 지 몇 년 되지 않는다. 하지만 지금은 거의 메모광 수준이다. 큰 다이어리는 가지고 다니지 않고, 가로 58mm, 세로 158mm 규격의 수첩만 가지고 다닌다. 그리고 내 책상 위에는 동일한 수첩이 몇 십 권이나 있다. 대부분의 메모는 사람들과의 대화 내용 중에서 요점을 뽑아내거나 신문, 자료 등을 읽고 나서 핵심용어로 요약한 것들이다. 내가 이렇게 메모에 집착하는 이유는 메모를 해야만 정보가 정리되고 내 것이 되기 때문이다. 예전에는 메모보다 자료 클리핑이나 스크랩이 더 중요하다고 생각했다. 꽤 오랜 기간 동안 자료를 스크랩 했었는데 별로 도움이 되지 않았다. 머릿속에 정리도 되지 않고 재생도 잘 되지 않았다.

그러나 메모는 달랐다. 메모하는 과정에서 머릿속에 쉽게 입력되었고 개념적으로 정리도 잘 되었다. 이 점이 매우 중요하다. 자료를 스크랩하면 문서로는 정리가 되는데 머릿속에서는 정리가 잘 되지 않는다. 아마도 다른 사람의 논리구조에 의해 만들어진 자료이기 때문인 것 같다. 반면 자료를 메모하면, 내가 만든 논리구조에 따라 정리가 되는 것 같다. 이런 효과를 경험하다 보니 메모가 재미있어졌고 메모하는 행위 그 자체를 신뢰하게 되었다. 행위 자체가 유익하다는 경험이 있어야 그 행위가 습관화된다.

그럼 지금부터 메모를 습관화하는 방법에 대해 알아보도록 하자. 메모를 습관화하는 첫 번째 단계는 관심분야를 설정하는 것이다. 관심이 없으면 메모는 둘째 치고 인식도 되지 않는다. 초기에는 취미생활에서 관심분야를 정하는 것도 좋다. 아무래도 자기가 좋아하는 취미분야에 대해서는 관심을 갖고 무의식적으로 관찰을 하기 때문이다. 두 번째 단계는 관심분야에서 핵심적인 정보사항이 무엇인지 정의하고 분류하는 일이다. 자전거 타기가 취미라면, 세계적인 브랜드는 무엇인지, 산악용, 로드용, 미니벨로 등 기능 별 종류를 파악하고, 각종 장비와 부품 종류 등을 확인하는 것이다. 핵심 정보사항을 제대로 분류하기만 해도 무의식 중에 추가적인 자료를 찾게 된다. 그리고 그 과정에서 궁금한 사항들이 생긴다. 종류 별 차이는 무엇이고 가격은 왜 차이가 나는지 등 의문들이 꼬리를 물고 생긴다. 세 번째는 자료를 검색해서 관심분야에 대한 세부사항을 틈틈이 수첩에 정리하는 메모단계다. 마지막 네 번째는 생활 속에서 무의식적으로 앞의 세 단계를 반복하는 것이다.

미국 한 대학의 연구결과에 의하면 인간 행동의 40% 이상은 아무런 사리판단 없이 이루어진다고 한다. 본능적이고 자동적으로 움직이는 것을 말하는 것인데, 바로 습관이다. 메모는 습관화되어 무의식적으로 이루어져야 한다. 관찰한 결과를 메모하는 과정에서 중요한 것, 불필요한 것, 잘 모르는 것, 기타 관련 사항 등에 관한 내용들이 정리된다. 그리고 정리하는 과정에서 정보가 확대 재생산된다.

메모의 효과는 수첩에 적은 메모를 정기적 또는 비정기적으로 확인하는 과정에서 극대화된다. 메모한 수첩이 쌓일수록 과거에 적은 기록을 되짚어 보기가 쉽지 않다. 내 경우에는 한 달 단위로 메모한 수첩을 본다. 시간이 어느 정도 흐른 뒤에 메모한 내용을 다시 살펴보면, 중요한 내용들이 쉽게 암기되고, 새로운 관점의 아이디어가 떠오르기도 한다. 자신에게 도움이 되고 유익하다는 것을 확인할 수 있을 때, 그 습관이 더 강화된다는 사실을 잊지 말자.

4

패턴을
파악하면
변화의
방향이
보인다

정보 속에 숨어 있는
패턴을 찾아라

창의력의 세 번째 단계는 패턴Pattern이다. 기호화가 현상에 관한 팩트를 정보화하는 단계라면, 패턴은 정보화 한 팩트를 바탕으로 규칙을 찾아내는 단계다.

패턴의 사전적 의미는 '일정한 형태, 유형, 형식'이다. 패턴의 어원은 프랑스어 파트롱patron에서 유래되었으며 '되풀이 되는 형태' 또는 '물체의 집합요소'라는 의미가 담겨 있다. 패턴은 공간적 차원에서 생각해 볼 수도 있고 시간적 차원에서 생각해 볼 수도 있다. 몸의 구조를 물 66%, 단백질 14% 등과 같이 성분 비율로 표현하거나 팔등신과 같이 길이 비율로 표현하는 것이 공간적 개념에서의 패턴이다. 시간적 차원에서는 한 해를 사계절로 나누거나 사람의 나이에 따라 유년기, 청년기, 장년기, 노년기 등으로 나누는 주기적 패턴을 생각해 볼 수 있다.

패턴은 모든 요소들을 단순화하고, 동시에 변화의 원리를 파악할 수 있는 효과적인 인식방법이다. 이 장에서 다룰 패턴의 유형은 비율Ratio, 주기Cycle, 트렌드Trend인데, 이 세 가지 유형은 다양한 패턴 인식 방법 중 대표적인 것들이다.

패턴 인식의 중요성을 강조한 대표적인 인물로 1978년 노벨 경제학상 수상자인 카네기멜론 대학의 허버트 사이먼 교수를 들 수 있다. 그는 서양 장기인 체스를 이용해서 패턴 인식의 중요성을 설명하였다. 체스게임 고수들의 특징을 살펴보면 몇 가지 비슷한 점을 발견할 수 있는데, 체스 판에서 말들이 복잡하게 움직여도 나중에 그 순서를 정확히 기억한다는 점, 복잡한 말들의 위치를 무작위로 바꿔놓아도 금세 원래대로 복원하는 능력이 있다는 점 등이다. 허버트 사이먼 교수는 이러한 고수들의 능력은 말의 움직임을 하나하나 낱개로 인식하지 않고 전체 사건 속에 나타나는 규칙을 찾아 패턴으로 인식하기 때문이라고 생각했다.

이러한 현상은 체스보다 더 복잡한 바둑에서도 동일하게 나타난다. 가끔씩 우연히 TV 바둑프로그램을 보게 되는데, 그럴 때마다 신기한 광경을 만나게 된다. 프로 바둑기사들이 몇 백 수의 바둑을 둔 다음, 처음부터 끝까지 다시 복기하면서 하나하나의 의미를 설명하는 모습이다. 바둑기사들은 경기 당 평균 200수 이상의 돌을 둔다는데, 도대체 이게 어떻게 가능한지 신기할 때가 한두 번이 아니다. 이런 복기가 가능하려면 바둑 실력이 3급 이상은 되어야 한다고 한다. 초급이 18급이고 최고수가 9단이라고 할 때, 중상위급 정도면 누구나 바둑 복기가 가능한 셈이다. 바둑을 잘 모르는 사람으로서는 정말 이해할 수 없는 일이다.

하지만 얼마 전 그 비밀을 알게 되었다. 바둑을 좀 두는 사람들의 이야기를 들어보니, 복기할 때는 약 15~30수의 패턴 단위로 기억을 한다고 한다. 결과적으로 약 200수 이상의 바둑돌을 움직이지만, 패턴 단위로 계산하면 약 15가지의 수를 기억하는 수준인 셈이다. 놀라운 능력의 이면에 패턴 인식의 비밀이 숨어 있었던 것이다.

실제로 많은 전문가들에게 창의력에 대해서 진솔한 의견을 구하면 먼저 경험이 쌓여야 한다는 사실을 강조한다. 그러면서 경험과 지식이 없는 상태에서 선천적으로 창의력을 발휘한다는 것은 불가능하다고 공통적으로 말한다. 처음에는 이 말에 대해 긴가민가했었지만 패턴이라는 주제를 놓고 생각해 보면 정말 그렇다는 생각이 든다. 일상생활 속에서 이와 관련된 현상을 자주 목격했기 때문이다.

나는 개인적으로 술을 좋아하지 않지만 주위에 술을 좋아하는 사람들이 많다 보니 술자리를 자주 갖게 되는 편이다. 한번은 모처럼 사람들을 만나 이야기를 하다가 술이 부족해서 테이블 위에 있는 호출 버튼을 눌렀다. 식당 안에 손님이 많이 붐비고 바빠서인지 아무런 응답이 없었다. 그래서 한 번 더 버튼을 눌렀다. 이번에도 반응이 없기에 큰소리로 "아줌마, 여기요!" 하고 외쳤더니, 저쪽에서 아주머니가 소주 1병을 들고 나타났다. 정확했다. 바로 소주 1병을 시키려고 했는데, 식당에서 일하시는 아주머니가 예상하고 있었던 것이다. 잠시 후, 다시 호출 버튼을 누르다가 또 "아줌마, 여기요!"하고 외쳤다. 이번에는 아주머니가 추가로 주문하려던 삼겹살과 야채를 들고 나타나는 것이 아닌가?

식당 아주머니가 손님의 마음을 읽을 수 있었던 것도 패턴인식과 관련이 있다. 수많은 손님을 대하며 나름대로 현장 경험과 지식이 쌓이면서 손님의 행동 패턴을 파악했기 때문이다.

이러한 패턴인식은 정보기술 분야에서 데이터 마이닝Data Mining과 관련한 핵심 연구과제이기도 하다. 데이터 마이닝이란 방대한 정보 중에서 가치 있는 정보를 찾아내는 기술이다. 정보기술이 발달하기 전에는 데이터 마이닝을 하고 싶어도 충분한 데이터를 축적할 수 없었기 때문에 어려움이 많았다. 그러나 정보처리기술이 발달하고 정보저장시스템 비용부담이 낮아지면서 본격적으로 관심을 받게 되었다.

국내 모 금융회사에서 CRM Customer Relationship Management 프로젝트가 막바지에 이르렀을 때의 일이다. 프로젝트 참여자들과 함께 영화 〈마이너리티 리포트〉에 대해 토론을 나누고 있었다. 이 영화는 범죄 예측 프로그램인 '프리 크라임Pre-Crime 시스템'을 이용하여 범죄가 일어나기 전에 예상 범죄자를 잡는다는 내용을 담고 있다. 토론 참여자들 중 한 사람이 이 영화처럼 범죄를 예방하는 것은 불가능하지만, 범죄 가능성이 있는 예비 범죄자들을 잡아서 별도로 관리하면 좋지 않겠느냐는 의견을 내놓았고 많은 사람들이 그 의견에 공감했다. 그때, 프로젝트에 참여하고 있던 외주업체 팀장이 "예비 범죄자를 검거하면 삼청교육대와 비슷한 상황이 될 수 있다."는 의견을 내놓았다.

그 이야기를 듣는 순간, 고등학교 시절이 떠올랐다. 10.26 사태 이후 계엄령이 선포되고 밤 10시 이후에는 길거리를 돌아다닐 수도 없던 암울한 시기가 있었다. 그 당시에 삼청교육대가 한시적으로 설치되었다. 사회정화 및 범죄예방이라는 명분으로 범죄 사실이 있는 사람, 범죄 가능성이 있는 조직폭력배, 불량서클 가담자 등을 모조리 잡아다가 삼청교육대에 입소시켰다. 행동이 삐딱하거나 신체 일부에 문신만 있어도 삼청교육대 교육대상자로 분류하는 어처구니 없는 상황도 연출되었다.

여기서 문제는 예비 범죄자라 여겨지는 사람들에 대한 판단 기준이다. 불량한 태도, 문신, 불량서클 가입 여부 등이 범죄자를 가리는 의사결정 패턴이 된 것이다. 삼청교육대 설치 자체도 문제였지만, 무고한 사람들을 예비 범죄자로 만든 잘못된 패턴 인식이 더 큰 문제였던 셈이다.

다시 CRM 프로젝트로 돌아가서, 당시 프로젝트의 핵심은 축적한 데이터베이스를 기반으로 고객의 소비행동을 예측하는 것이었다. 고객의 나이, 성별, 직업, 거래 형태 등을 분석하여 고객이 무엇을 원하는지 정확하게 파악하는 것이 목적이었다. 그러나 당시 고객정보 분석시스템에서 활용할 수 있는 데이터는 주민등록번호, 주소, 거래상품 정도로 극히 제한적이었다. 그렇다 보니 고객의 행동패턴을 밝히려는 수많은 아이디어와 시도가 현실적으로 불가능할 때가 많았다. 만약 제한적인 데이터를 근거로 고객의 행동패턴을 규정하려 했다면, 삼청교육대 사례와 비슷한 오류를 낳았을 것이다.

앞서 관찰단계에서 TPO 관찰법을 확인하였고, 기호화 단계에서는 관찰한 현상을 차트나 지표 등으로 기록하고 정보화하였다. 관찰한 현상을 정보화 한 뒤에는 그 속에서 패턴을 찾아야 한다. 이 책에서는 패턴을 찾는 여러 방법 중 핵심적인 세 가지를 중점적으로 다룰 것이다. 첫 번째는 구성요소를 분류하고 그 구성요소 간 균형관계를 설정하는 비율에 관한 것이고, 두 번째는 시간 차원에서의 주기 패턴에 관한 것이다. 마지막 세 번째는 변화의 방향과 속성을 파악하는 트렌드에 관한 것이다. 그럼 지금부터 패턴에 대해 하나씩 살펴보자.

비율 패턴을 알아야
자원의 낭비를 없앨 수 있다

패턴의 중요성을 누구보다 잘 알고 있었던 역사적 인물을 꼽으라면, 아마도 이탈리아의 미술가이자 과학자인 레오나르도 다빈치를 빼놓을 수 없을 것이다. 다빈치는 약 10만여 점의 그림과 1만여 쪽의 메모를 남겼는데, 그가 남긴 유작들을 보면 과학적이고 예술적인 패턴을 찾으려고 시도했던 흔적들을 곳곳에서 찾을 수 있다.

다빈치는 패턴 중에서도 비율과 관련된 것에 많은 관심을 가졌다. 그 중 대표적인 것이 '비트루비안 인체비례도'이다. 이 그림은 신체의 각 부위를 일정한 비율로 구분하고 분할한 것으로, 신체 부위가 일정한 비율로 나뉘는 특징을 발견할 수 있다. 배꼽을 중심으로 한 몸의 상하비율, 손가락의 짧은 마디와 긴 마디의 비율, 입술을 중심으로 콧구멍까지의 길이와 턱까지 길이의 비율 등이 모두 비슷하다. 바로 이것을 황금비율이라고 하는데

심리적인 아름다움이나 편안함도 이 비율에 얼마나 근접하느냐에 따라서 달리 느끼게 된다.

황금비율은 일반적으로 1: 1.618 비율을 말하는데, 오늘날 널리 사용되고 있는 명함, 휴대폰, 모니터 등의 가로세로 비율도 황금비율과 밀접한 관련이 있다. 가끔 케이블TV에서 성형외과 의사들이 얼굴이나 신체 부위에 선을 그리는 모습을 볼 수 있다. 이 역시 수술 부위의 모양을 잡거나 부위별 비율을 측정하여 가장 아름다운 외모를 만들기 위해서다.

변화를 분석하고 이해하기 위해서도 비율 개념은 매우 중요하다. 통계자료를 활용하여 현상에 대한 특징을 규명하거나 설명할 때에도 비율 개념을 자주 사용하는데, 대표적인 것인 인구비율이다. 흔히 65세 이상 노령인구가 전체 인구의 7% 이상이면 고령화 사회, 14% 이상이면 고령사회, 20% 이상이면 초고령사회라고 한다. 여기서 기준이 되는 각 단계의 비율은 서구 선진국들이 노령인구의 비율변화에 따라 경험했던 내용과 지식들이 축적되어 패턴으로 만들어진 수치이다.

역사적으로 보면 이미 100여 년 전에 프랑스가 처음으로 고령화 사회에 접어들었는데, 이후 프랑스는 국가 재정이 어려워지고 세대갈등이 고조되는 현상이 나타났다. 이러한 현상은 인접 국가인 영국, 독일을 비롯하여 미국에서도 동일한 패턴으로 나타났다. 이 같은 경험을 통해 고령화 사회에 관한 규칙이나 기준이 생기게 되었고, 노령인구의 비율에 따라 고령화 사회, 고령사회, 초고령사회로 나누어 미래에 대비할 수 있게 되었다.

어떤 일이든 새로 사업을 시작할 때에는 창의력이 많이 요구된다. 만약 신규 사업을 추진하면서 성공 패턴을 정확하게 파악하지 못하면 실패할 확률이 대단히 높아진다. 그렇다면 나 이전에 해당 사업을 성공으로 이끈 사람들의 성공 패턴을 파악하기 위해 무엇을 살펴보아야 할까? 핵심은 투입요소와 생산결과의 비율을 살펴보는 것이다.

신규 사업 모델을 평가할 때에는 가장 먼저 고정비와 변동비에 대한 비율을 평가해야 한다. 고정비는 말 그대로 수익이 있든 없든 무조건 발생하는 비용이다. 반면, 변동비는 수익과 함께 발생하는 비용이다. 분식점을 운영한다고 할 때 점포임대료, 종업원 급여, 전기요금, 통신비 등은 고정비에 해당한다. 이에 비해 매출이 발생할 때 소요되는 재료비, 가공비, 판촉비 등은 변동비에 속한다. 가장 좋은 비즈니스 모델은 수익이 있을 때만 비용이 발생하는, 즉 변동비만으로 비용이 구성되는 모델이다. 그러나 현실적으로 그런 사업 모델을 만들기는 어렵다. 하지만 신규 사업이 어느 정도 궤도에 올라가면 고정비의 비율이 훨씬 줄어들게 되는데, 이 정상궤도에 진입하는 것이 신규 사업의 성공여부를 따지는 기준이 된다.

사무실이나 매장이 필요한 사업의 경우, 많은 경우 초기 단계의 고정비가 60~70%에 달한다. 이 고정비를 감내할 수 있는 수준의 매출이 손익분기점이다. 이 손익분기점을 전략적으로 낮추거나 단시간 내에 도달할 수 있는 사업구조를 만들어내는 것이 성공적인 신규 사업개발의 핵심이다. 이를 위해서는 비슷한 성공사례를 철저하게 분석하여 수익구조와 비용구조를 살펴보는 일이 반드시 필요하다. 성공한 사업 모델들을 분석하다 보면, 업종과 시장 상황 별로 차이가 있긴 하지만, 비용과 수익에서 일정한 비율의 패턴들을 찾을 수 있을 것이다.

일상생활에서도 비율 개념으로 패턴을 구성하는 일은 매우 중요하다.

예전에 개인과외 선생을 했을 때의 일이다. 당시에는 '과외금지조치'라는 특별조치사항이 있어서 과외가 불법이었는데, 처벌을 감수하고 과외선생 일을 한 적이 있었다. 솔직히 말해서 나는 과외를 받은 적이 없었다. 나와 비슷한 세대들은 다 마찬가지겠지만 대부분 혼자서 공부하고 혼자 알아서 학교에 다녔다. 상황이 그렇다 보니 가르치는 일에 대해 나름대로 연구를 하게 되었다.

처음 학생의 집에 가면 그 학생의 일주일 또는 한 달간의 시간활용 패턴을 분석했다. 그러면 거의 대부분 마구잡이식 시간계획을 가지고 있었다. 여기서 마구잡이의 의미는 일정한 패턴이 나타나지 않는다는 뜻이다. 나는 학생들에게 비율 개념으로 접근하면서 시간활용을 가르쳤다. 자신이 노력한 비중과 성적을 비교하며 과목별로 시간을 할당했다. 당시 대입 학력고사에서 국어, 수학, 영어의 점수비중이 약 45%를 차지했는데, 전체 학습시간에서 국어, 영어, 수학에 할애하는 시간이 50%를 넘지 않도록 가이드라인을 정했다. 물론 개인의 능력 차이나 장단점을 감안하여 수정치를 대입해서 조정했다. 그런 다음, 다른 과목들을 포함하여 일주일 단위와 한 달 단위로 학습 비중이 균형을 이루도록 하였다. 처음에는 학생들이 계획대로 실행하는 것을 어려워했지만, 점차 효율적으로 시간관리를 하게 되었다. 꼭 그 덕분만이라고는 할 수 없지만, 당시 내가 가르쳤던 학생들은 입시에서 모두 좋은 결과를 얻을 수 있었다.

변화가 일어난 곳에는 원인이 되는 요소들이 존재한다. 그 원인이 되는 구성요소의 수량적 관계, 즉 비율관계에서 패턴을 찾을 수 있다. 비율이란 전체와 부분요소 또는 부분요소와 부분요소 간의 상대적인 크기를 말한다. 비율이 중요한 이유는 전체를 구성하는 비밀이 요소들 간의 상대적 관계 속에 있기 때문이다.

비율에 대한 인류의 고민은 기원전 500년경에 황금비율이라는 개념을 정립한 데서부터 시작한다. 그리스의 수학자 유클리드가 정의한 황금비율은 균형이라는 개념으로부터 출발했다. 유클리드가 생각한 균형은 '전체와 부분 간의 관계'와 '각 부분 간의 관계'가 같아지는 비율을 의미한다. 이 말은 카오스Chaos 이론에서 말하는 프랙탈Fractal과 일맥상통한다. 카오스 이론이란 복잡하고 무질서한 변화 속에 나름대로 질서와 규칙이 있다는 것이며, 그 질서는 프랙탈이라는 부분적 모양 또는 구조가 반복하면서 전체를 복잡하게 만든다는 것이다. 이 프랙탈이 바로 우리가 찾고자 하는 패턴과 매우 유사한 개념이다.

투입요소에 대한 비율 패턴을 찾는 것은 문제의 원인을 규명하는 일이기도 하다. 이와 관련한 유명한 성공사례가 있다. 어느 대형 초콜릿 회사의 실제사례로, 경영전략 교육과정에서 자주 소개된다. 누구나 알다시피 초콜릿은 카카오 열매를 이용하여 만든다. 그런데 초콜릿의 제조 프로세스를 보면 생각보다 복잡한 과정을 거쳐서 만들어진다. 주 원료인 카카오는 남위 20도에서 북위 20도 사이의 열대지역에서만 재배할 수 있다. 그리고 땅이 건조하거나 햇빛이 많으면 재배하기가 어렵다. 카카오의 주 원산지가 아마존 밀림인 이유가 여기에 있다.

어렵게 재배한 카카오 열매는 다시 세척, 로스팅, 위노잉(껍질 및 배아 제거), 분쇄, 혼합, 정련, 정형, 냉각, 포장 등의 과정을 거친다. 복잡한 과정 때문에 앞부분의 공정인 열매 수확, 세척, 로스팅, 위노잉, 분쇄 절차는 대부분 현지공장에서 처리한다. 이후 본사 공장으로 운반되어 혼합부터 포장까지의 과정을 거쳐 최종 완성품을 만들게 된다. 그런데 분쇄과정 이후 운반을 위해 액체를 고형화 하는 과정의 비용과 시간이 전체의 20% 이상을 차지한다는 사실을 발견하게 된다. 여기에 착안하여 운반과정에서 기존의 일반트럭을 액체보관용 탱크트럭으로 바꾸게 된다. 그 덕분에 전체 생산비용의 약 20% 이상을 절감하는 것은 물론, 신속한 원료배송 시스템으로 인해 막강한 경쟁력을 가지게 되었다고 한다.

그동안 황금비율은 미술과 건축분야에서 많이 활용되어 왔다. 아름다움을 표현하는 미학美學에 국한된 것이다. 그러나 카카오 사례처럼 경영현장에서도 전체적 상황과 비교할 수 있는 각 부분의 비율을 인식함으로써 현상의 흐름을 읽고 핵심을 파악할 수 있다.

비율 패턴을 찾는 목적은 과제를 기획하는 데 있어서 '자원의 최적 배분 비율'을 찾는 데 있다. 원가에서 차지하는 재료비, 인건비, 외주비 등의 적정 비율을 정하고, 변동비와 고정비의 비율을 조정할 수 있는 패턴을 만들어야 한다. 물론 해당 업종이나 기업이 처한 상황에 따라 비율이 조금씩 달라질 수는 있다. 그럼에도 불구하고 최적의 자원 배분 비율을 찾는 것은 효과적인 시스템을 만들고 최고의 성과를 관리할 수 있는 근간이라는 점을 기억할 필요가 있다.

시간 패턴을 알아야
최고의 타이밍을 잡을 수 있다

"이 일을 지금 해야 하나?"

정보통신 업종의 컨설팅 사업본부에서 일하고 있을 때의 일이다. 신기술과 관련한 해외 솔루션 프로그램을 도입하기로 본부장 이하 내부 책임자들과 합의하였으나, 최고경영자에게 결재를 받는 과정에서 문제가 발생했다. 최고경영자는 왜 이 프로그램을 도입해야 하는지를 설명해달라고 했다. 그래서 당시 담당부서 팀장이 필요성을 이야기했다.

"지금 계약하지 않으면 다른 회사에 기회를 빼앗길 것 같습니다."

최고경영자의 질문이 이어졌다.

"다른 회사에서 그 솔루션을 먼저 계약하면 우리 회사가 관련 영역에서 사업을 못하게 됩니까?"

아주 어려운 질문이다. 왜냐하면 해당 솔루션이 사업을 영위하는 데 절대적으로 필요하지는 않기 때문이다. 물론 시너지 효과를 내서 시장규모를 키울 수 있는 가능성이 있었지만, 그 시점에 대해서는 그 누구도 자신있게 대답하지 못했다. 바로 타이밍에 관한 질문이었다. 무엇을 해야 하고 하지 말아야 할지는 누구나 어느 정도 알고 있다. 그러나 어느 시점에 시행하는 것이 좋을지에 대한 모범답안을 찾기는 어렵다. 지금 집을 사는 게 좋을지, 직장을 옮기는 게 좋을지, 투자를 하는 게 좋을지. 이 모든 것들이 최적 시점에 관한 고민이다.

타이밍은 비즈니스의 모든 것이다. 타이밍만 잘 맞출 수 있다면 성공은 확실하게 보장된다. 모든 매매의 기본은 '싸게 사서 비싸게 파는 것'이다. 그러나 말이 쉽지 낮은 가격에 사서 높은 가격에 파는 일은 생각처럼 쉽지 않다. 시장에서 가격이 형성되는 원리는 간단하다. 파는 사람은 비싸다고 생각하고 사는 사람은 싸다고 생각하는 지점에서 가격이 형성된다. 만약 이러한 심리가 형성되지 않으면 거래 자체가 이루어질 수 없다.

시장에 참여한 각 개인의 판단이 합리적이라고 가정하면, 시간의 흐름 속에서 자신의 생각이 시장과 일치하는 시점을 잡는 게 관건이다. 수많은 거래자들이 타이밍에 대한 예측 정확성을 높이기 위해 공통적으로 하는 일이 있다. 바로 주기라는 시간의 패턴 위에서 가격변화를 찾는 것이다.

주기는 상승과 하락과 같은 특정 현상이 반복되는 시간적 패턴을 뜻한다. 계절적으로 사계절이 일정한 주기를 형성하는 것, 인간이 생로병사를 거치는 것, 인간의 바이오리듬이 23일과 33일 단위로 움직이는 것, 주식 시장이 약 5년 단위로 상승과 하락을 반복하는 것, 부동산 시장이 약 10년 단위로 상승과 하락을 반복하는 것 등이 모두 주기에 해당한다. 그리고 이 주기는 통상적으로 상승단계, 성숙단계, 쇠퇴단계, 침체단계의 4가지의 속성을 가지고 있다. 만약 우리가 침체단계와 성숙단계의 시간패턴을 찾을 수 있다면, 모든 일을 성공적으로 수행할 수 있다. 그러나 완벽하게 똑같이 반복되는 시간적 패턴은 없기 때문에, 완벽하게 성공한다는 보장은 없다. 그럼에도 불구하고 성공의 확률을 높일 수 있는 것만큼은 확실하다.

주기와 관련한 시간 패턴들은 많은 정보들을 시간 순으로 분류하여 차트나 도표로 만들지 않으면 그 모습이 좀처럼 드러나지 않는다. 그래서인지 축적된 정보를 활용하여 주기적인 시간 패턴을 도출하기보다 개인적인 감이나 경험으로 패턴을 도출하는 경우가 많다. 그러다 보니 자기가 만든 패턴을 남들에게 강력하게 주장하지 못하고 근거 또한 빈약하다. 유능한 사람이 되려면 축적된 지식과 경험을 바탕으로 경기 사이클이나 상품생애 주기를 분석하여 주기 패턴을 찾아야 한다. 주기 패턴을 잘 찾으면 타이밍 문제나 의문을 풀어줄 수 있는 좋은 해법이 된다.

적벽대전에서 제갈량이 구사한 전략은 시간 주기를 잘 활용한 사례이다. 위나라 조조와 맞서는 연합군 측에 속했던 제갈량은 수적으로 불리한 병력과 물자를 극복하기 위한 전략을 수립해야 했다. 대량 살상무기가 없던 시절이라 군사적 우위는 무조건 병력규모에 의해서 결정되던 시대였다. 그럼에도 불구하고 10만 명도 안 되는 연합군 병력으로 100만 명의 군사를 가진 조조를 이겼으니, 삼국지에서 가장 유명한 일화가 되기에 충분하지 않은가 싶다.

적벽은 양쯔강 중류에 위치한 곳이다. 당시 조조는 양쯔강 북쪽에 자리를 잡고 있었고 연합군은 남쪽에 진을 치고 있었다. 이곳은 계절적인 영향으로 동짓달이 되면 북서풍이 분다. 그런데 제갈량은 일정한 주기로 바람의 방향이 북서풍에서 남동풍으로 바뀌는 패턴을 발견하게 된다. 남동풍으로 전환되는 그 시점이 제갈량이 노린 타이밍이었다.

제갈량은 결국 남동풍을 이용한 화공법 전략으로 조조의 100만 대군을 물리치게 된다. 만약 제갈량이 풍향에 대한 주기 패턴을 몰랐다면, 역사에 길이 남을 적벽대전의 신화는 만들어지지 않았을 것이다. 그러나 제갈량은 기온과 바람이 변화하는 정보를 삼한사온三寒四溫과 같은 주기적인 패턴으로 묶어서 이해했고, 기온이 따뜻한 날에 풍향이 바뀌는 것을 이용하여 전략을 수립한 결과 중과부적衆寡不敵의 통념을 깨트릴 수 있었다.

주기 패턴을 파악하는 이유는 타이밍을 찾기 위해서다. 시장환경은 사업에 절대적인 영향을 미치는데, 시황이 좋으면 사업의 성공 확률이 높아지고, 시황이 좋지 않으면 성공 확률도 떨어진다. 그러나 시황이 영원히 좋은 사업도, 영원히 열악한 사업도 존재하지 않는다. 오르막이 있으면 내리막이 있고, 내리막이 있으면 또 오르막이 있다. 시황은 오르막과 내리막을 반복하며 회복기, 호황기, 쇠퇴기, 침체기를 만들어 간다. 이 같은 주기적인 변화를 보며 사업의 진입시점이나 철수시점을 결정하는 것은 사업의 승패를 가르는 매우 중요한 포인트이다.

변화의 주기를 이해하지 못하면 상황의 흐름을 파악하지 못하고 눈앞의 현상에 급급하게 된다. 호황기에 시장 경기가 계속 상승할 것 같은 생각이 들어서 대규모 설비를 투자하고 신규 인력을 충원했더니 곧이어 불황이 닥친다. 상황이 어렵기는 하지만 인내를 미덕으로 생각하고 버틴다. 좀 더 어려워지면 종교에 의지하면서 믿음으로 밀고 나간다. 그러다가 침체기의 막바지에 이르러 항복하게 된다. 결국 끝까지 버티지 못하고 인원을 감축하고 생산설비를 축소한다. 그러나 여기에 머피의 법칙이 존재한다. 구조조정을 하고 생산규모를 줄이면 이후 곧 경기가 회복되고 팔 물건이 없어서 또 급하게 설비투자를 하는 악순환이 되풀이 된다. 이런 이야기를 하면 대부분의 사람들은 남의 이야기라는 생각으로 웃어넘긴다. 자신들은 절대 그런 바보 같은 짓을 하지 않을 것이고, 나와는 상관없는 일이라고 생각하기 때문이다. 그러나 현실을 돌아보면 이런 일들이 의외로 많다. 대부분 사업의 타이밍을 제대로 맞추지 못해서 발생하는 현상들이다.

친한 사람 중에 대학 시절에 동양사학을 전공한 후배가 있다. 그 후배는 일찍 직장을 그만 둔 후, 과감하게 맨손으로 창업하여 어엿한 별정통신회사의 오너가 되었다. 이 후배를 만나면 항상 빠지지 않고 등장하는 대화 주제가 역사의 흥망성쇠 패턴에 관한 것이다.

그 후배는 우리나라가 350년을 주기로 역사적 정점을 만들었다고 주장한다. 주몽이 고구려를 건국하고 나서 1세기 태조에 이르러 주변 옥저와 동예를 평정하여 실질적으로 국가체제를 갖추었다. 서기 4세기에서 5세기 사이에는 고구려 광개토대왕이 즉위하여 역사상 가장 큰 영토를 확보하게 된다. 8세기경, 신라 33대 성덕왕은 귀족들의 세력을 약화시키고 일반 양민들에게 토지를 지급하면서 왕권을 강화하였다. 이때 비로소 신라가 삼국을 평정하고 통일국가의 면모를 가지게 된다. 11세기경에는 고려 11대 문종이 즉위하게 되는데, 이때가 경제적으로나 문화적으로나 고려시대에서 가장 찬란했던 전성기였다고 한다. 그리고 조선으로 넘어오면서 15세기에 세종대왕, 18세기 중엽에 영조 때에 또 한 번 태평성대를 누렸다. 알고 있는 바와 같이 균역법, 탕평책, 신문고 설치, 청계천 개발 등이 모두 다 영조 때 이루어진 업적이다. 이 역사적인 장면들을 시간적인 주기로 파악하면 약 350년 정도가 된다고 한다.

후배의 식견은 계속된다. 한국 근대사에서는 약 45년이라는 주기로 격정의 시기가 반복된다고 한다. 1905년 을사늑약에서 시작하여 1950년 한국전쟁, 1997년 IMF 사태가 국난의 주기라는 것이다.

후배는 이러한 역사적 주기에 대한 집착 때문인지, 모든 현상을 주기적인 관점에서 보는 것 같다. 후배가 나름대로 사업에 성공한 이유도 주기 관점에서 시장과 고객들을 관리했기 때문이다. 별정통신사업은 기존 통신사업자들의 통신시설을 임대하여 자체적으로 사용자를 모집하고 요금을 부과하는 서비스를 제공하는 사업이다. 국제전화카드 판매와 같은 음성 재판매 사업부터 개발도상국을 대상으로 한 콜백 Call Back 서비스, 인터넷폰 서비스, 통신료 과금 대행 등 다양한 사업들이 있다.

이 사업들은 경쟁이 심하고 서비스의 라이프 사이클이 짧다는 점이 특징이다. 후배는 고객현황에 대한 자료를 분석해서 고객관계의 유지기간이 약 6개월이 넘어가지 않는다는 것을 발견했다고 한다. 신규고객의 경우 초기 3개월 동안 가장 활발하게 서비스를 이용하고, 3개월이 지나면 대부분 휴면고객이나 이탈고객이 된다는 것이다. 그래서 고객의 라이프 사이클을 늘리기 위해 3개월 이상 된 고객들을 대상으로 고객우대 프로그램을 실행했는데, 그러자 고객의 서비스 유지기간이 획기적으로 늘어나는 계기가 마련되었다고 한다.

그런데 더 큰 문제는 별정통신의 각 사업별로 경쟁이 심화되면서 3년 단위로 사업의 수익성이 악화된다는 점이었다. 그래서 처음에는 국제전화 카드와 같은 음성판매사업에 집중했지만, 이후 3년에서 5년 단위로 콜백 서비스, 인터넷 전화 서비스 등으로 사업영역을 전환시켰다고 한다.

해외시장도 필리핀, 베트남, 쿠바, 몽고 등 각국 통신시장의 성숙도에 따라서 순차적으로 진입했다. 영세한 업자가 해외시장을 개척한다는 것은 대단한 일이다. 국내시장에서도 사업하기가 힘든데 시장에 대한 경험과 지식이 부족한 해외에서는 더더욱 어렵기 때문이다. 그럼에도 불구하고 그 후배가 해외시장에서 대부분 성공할 수 있었던 요인은 국가별로 통신시장의 성장기, 성숙기, 쇠퇴기, 침체기를 분석할 수 있었기 때문이었다.

주기를 분석하고 대응방안을 수립하는 일은 커다란 인내를 요구한다. 일정기간 이상의 정보를 수집해야만 시간 주기에 대한 패턴을 구성할 수 있기 때문이다. 주기는 일반적으로 짧게는 수개월, 길게는 수년에 걸쳐서 하나의 패턴을 구성한다. 분석 결과를 얻기 위해 최소 1년치 이상의 데이터가 축적되어야 한다는 뜻이다. 단기적인 결과와 성과에 집착하는 습관도 장애요인이 된다. 당장 결과를 도출해야 하는 현실 때문에 주기를 분석하고 타이밍을 생각할 여유가 없다. 그래서 일단 해보고 나중에 생각하려는 경향이 있는데, 분명한 것은 내가 서두른다고 다른 외부여건이 같이 빨라지지는 않는다는 사실이다.

'급할수록 돌아가라'는 말이 있듯이 원칙에 충실해야 한다. 시간의 패턴을 밝히는 것은 다소 더디고 인내를 요구하는 작업이 될 수 있으나, 일단 시간의 패턴을 파악하고 나면 일의 성공 확률이 훨씬 더 높아진다.

트렌드를 알면
변화의 방향을 알 수 있다

   세상의 흐름을 잘 읽는다는 말은 미래에 대한 예측능력이 뛰어나다는 말과 일맥상통하는 점이 많다. 세상의 모든 사람들이 어떤 가치관이 대세이고 어떤 직업이 유망한지 촉각을 세우고 있다. 이것은 미래의 생존과도 밀접한 관련이 있다. 한치 앞도 예측하기 어려운 상황에서 남들보다 먼저 환경변화에 대응한다는 것은 매우 어려우면서도 경쟁력을 확보하기 위해 대단히 중요한 요소이다. 이러한 이유 때문에 미래의 변화를 좌우할 수 있는 트렌드가 무엇인지에 관심을 갖는 것은 매우 당연하다.

   내가 모 증권사 지점장을 맡고 있을 때의 일이다. 강남 한복판에 지점이 있었기 때문에 국내에서 흔히 '큰손'이라고 불리는 고객들을 접할 기회가 자주 있었다. 그 중에 고 회장이라는 분이 있었는데, 당시에 이동통신대리점 7개를 운영하고 있었다. 그는 아침에 일어나서 3개의 일간지와 1개의 경제지를 정독하고 기사내용을 정리하는 것으로 하루를 시작했다. 매일 아침마다 한 시간 정도 신문을 정독하고 중요 기사는 반드시 스크랩을 했다. 신문에 게재된 도표나 그래프는 그가 특히 좋아하는 스크랩 자료였다. 도표나 그래프는 한 눈에 정보를 파악하는 데 많은 도움이 된다는 것이 그의 생각이었다.

고 회장의 이런 습관은 직장생활을 할 때 조사분석 업무를 담당하면서 생겼다고 한다. 그가 직장생활을 하면서 관심을 게을리 하지 않았던 분야는 이동통신사업이었다. 1980년대 중반부터 시작한 국내 이동통신서비스는 1990년대 초반까지 매년 50% 이상의 경이로운 성장률을 보였다. 당시 대부분의 사람들은 이동통신사업도 유선전화기 정도의 시장보급률에 이르면 포화상태가 될 거라고 생각했다. 그러나 고 회장이 보는 시각은 달랐다. 휴대폰은 가구 수를 기준으로 보급률이 결정되는 것이 아니라, 사람 수만큼 보급되는 것이 대세라고 생각했다.

1990년대 중반, 많은 사람들이 이동통신대리점 사업이 정점에 온 것 같다고 생각했을 때, 고 회장은 과감하게 직장을 그만두고 이동통신대리점을 차렸다. 많은 사람들이 전혀 다르게 예측을 하는데도 고 회장은 신문 스크랩을 통해 트렌드를 읽으며 확신을 가질 수 있었고, 남들이 포화상태에 이르기 전에 다른 업종으로 전환해야 한다고 법석을 떨 때 오히려 이동통신대리점 점포를 더 늘렸다고 한다. 결론적으로 그의 예측이 맞아 떨어졌고, 어려움 없이 사세를 확장할 수 있었다고 한다.

미국의 전략 컨설턴트이자 수학자인 존 캐스티John Casti는 《대중의 직관》이라는 책에서 트렌드를 '다수의 결집에 의한 변화과정'이라고 정의하였다. 트렌드는 일상생활과 밀접한 관련을 가지고 있으며 트렌드를 인지한다는 것은 변화의 패턴을 발견하는 것과 동일한 의미를 가진다.

트렌드는 일시적인 현상이 아닌 변화의 방향을 말한다. 흔히 속도보다 방향이 중요하다고 얘기하는 것도 이러한 이유 때문이다. 앞서 우리가 살펴본 비율이나 시간 주기가 정량적인 패턴인식 방법이라면, 트렌드는 추상적이면서 정성적인 패턴인식 방법이다.

사회변화 트렌드를 추출하기 위해 공공정책 개발기관이나 경제연구소에서 발행하는 연간 전망자료를 활용할 수 있다. 그러나 그 자료들의 단점은 주제가 개념적이고 거시적이어서 트렌드에 대한 구체적인 이미지가 나타나지 않는다는 점이다. 그렇다면 어떻게 해야 할 것인가? 자신의 관심 분야에 대해서는 스스로 트렌드를 분석하고 도출해내야 한다. 지금부터 소개할 트렌드 추출방법은 총 4단계로 구분되는데, 첫 단계인 키워드 탐색에서 시작하여 키워드 특성의 이해, 키워드 그룹화, 트렌드 정의의 순서로 진행된다.

여기서 다루고자 하는 트렌드 추출방법은 신문을 중심으로 한다. 신문 내용을 살펴보면 키워드에 해당하는 것들이 기사 제목으로 쓰이는 경우가 많다. 언론 매체의 기사 제목은 키워드를 얻을 수 있는 보물창고다. 기자들은 기사 내용만큼이나 제목을 정하는 데 많은 노력을 기울인다. 기사 내용은 안보고 타이틀만 보는 독자도 있고, 제목을 보고 나서 내용을 읽을지 말지 결정하기도 하기 때문이다. 기사 제목에는 핵심 개념과 신조어들도 많이 포함되어 있다. 그럼 지금부터 트렌드를 어떻게 추출하는지 각 단계별로 살펴보도록 하자.

첫 번째는 키워드 탐색 단계이다. 신문이나 잡지의 제목, 광고, 베스트셀러 요약본 등을 통해서 얻은 새로운 키워드에는 일반인의 관심사와 세상의 흐름이 반영되어 있다. 기사 제목의 중요성은 바로 앞에서 살펴본 바와 같다. 이와 더불어 광고도 중요한 키워드를 얻을 수 있는 정보채널이다. 광고를 보면 소비자가 무엇을 원하는지 간접적으로 파악할 수 있다. 생산자가 신상품에 대한 광고를 낸다는 것은 나름대로 경쟁력 있는 상품을 만들었다는 것을 의미한다. 대부분의 신상품이 실패로 돌아가기는 하지만, 광고를 내는 그 순간만큼은 소비자가 원하던 무언가를 만들었다는 것을 의미한다. 생산자는 광고를 통해 상품의 컨셉, 편의성, 성능, 소비자에게 주는 변화와 이익 등을 전달한다. 광고에는 대중이 생각하지 못했던 욕구를 들추어내고 수요를 자극하는 기능과 기술이 포함되어 있는 경우가 많기 때문에, 자세히 보면 의외로 많은 정보를 얻을 수도 있다.

서점은 트렌드와 관련된 키워드를 얻는 지식창고다. 책은 단편적인 정보뿐만 아니라 심층적이고 다양한 정보를 집대성한 지식전달 매체다. 각계각층의 전문가들이 자기 분야의 테마를 가지고 집필하는데, 작가 또한 독자들로부터 공감대를 형성할 수 있는 주제를 다루기 위해 사회적으로 공감대를 형성하는 이슈를 중심으로 테마를 선정한다. 요즘은 인터넷을 통해 베스트셀러 신간서적을 실시간으로 확인할 수 있고 독자들의 서평까지 읽을 수 있어서 기본적인 내용과 중요한 키워드를 얻는 데 부족함이 없다. 나는 스마트폰에 신간서적 및 베스트셀러 알람서비스를 연계시켜 놓고 있다. 예전에는 일일이 서점을 다니면서 확인했지만, 요즘은 편하게 신간서적의 동향을 파악할 수 있다.

두 번째는 키워드 특성 이해 단계이다. 신문기사의 경우, 키워드인지 아닌지를 구분하려면 분량과 노출 빈도수를 살펴보면 된다. 심층 분석 기사로 보도되면 일단 중요한 기사라고 생각해야 한다. 그래서 나는 짤막한 기사를 중요하게 보지 않는다. 대부분의 사람들은 반대인 것 같다. 간단한 내용의 기사는 잘 보는데, 내용이 길면 보지 않는 습성이 있다. 키워드를 제대로 찾기 위해서는 피곤하더라도 장문의 기사를 꼼꼼히 읽는 인내심이 필요하다. 여기서 생각해 볼 수 있는 것이 나중에 자료정리를 용이하게 하기 위해서 키워드 별로 포스트잇을 작성하는 일이다. 주요 신문기사의 타이틀을 키워드로 선정한 다음, 포스트잇 한 장에 타이틀 한 개씩을 적어놓는 것이 좋다. 때때로 잘 모르는 신조어가 나타나면 간략한 설명을 포스트잇에 추가한다. 트렌드는 대중의 생각과 행동을 결집하는 과정이기 때문에 가급적이면 개인들의 가치관, 직업, 의식주와 관련된 기사나 문화활동 등을 중심으로 기사 내용을 찾는다. 포스트잇을 작성한 뒤에는 중복되는 것을 하나로 통일하는 작업도 필요하다.

세 번째는 그룹화 단계이다. 그룹화 한다는 것은 구조를 간단히 만들기 위해 일정한 기준에 따라 데이터를 동일한 속성으로 묶어주는 것을 말한다. 일정한 기준을 정하는 이유는 속성을 명확히 구분하기 위해서다. 기준을 정하는 방식에는 여러 가지가 있을 수 있으나, 시간차원에서 장단기 구분, 장소차원에서 국내외 구분, 개인 및 조직차원에서 공적인 것과 사적인 것의 구분을 대표적으로 꼽을 수 있다.

이렇게 기준을 정하는 이유는 그룹화 작업을 매트릭스Matrix화 하기 위해서다. 기준은 통상적으로 두 개의 축으로 구분한다. 하나의 축을 개인과

집단으로 정하면 다른 한 축을 단기현상과 장기현상으로 정할 수 있다. 이 두 축을 화이트보드나 전지에 그리는데, X축을 단기 · 중기 · 장기로 구분하고 Y축을 개인주의 · 중립주의 · 집단주의 등으로 구분하는 식이다. 이렇게 매트릭스의 가상영역이 정해지고 나면 포스트잇을 분류하여 매트릭스 해당 칸에 붙이는 작업을 실시한다. 키워드를 분류하는 과정에서 의식주와 관련된 것에서부터 범죄문제, 취미생활, 직업선호도, 가치관, 예술문화, 인종문제까지 다양한 주제들이 나타난다.

각 주제들이 매트릭스의 어느 영역에 들어가야 할지 애매할 때는 직감을 이용하는 것이 좋다. 주관적인 판단이기 때문에 개인별 편차가 크게 발생할 수 있긴 하지만, 포스트잇의 데이터들이 쌓이면 이러한 주관적인 편차가 점점 없어진다. 같은 속성을 가진 키워드들이 모이면 각 그룹별로 특성이 명확해지고, 각 그룹 내 관련 없는 것들이 눈에 보이기 시작하기 때문이다. 속성이 다르거나 관련 없는 키워드는 나중에 재분류하면 된다. 분류된 포스트잇의 속성을 상호 비교하면서 가장 합당하다고 생각하는 공간에 붙여주면 분류작업이 순조롭게 진행된다. 이 과정을 핀업Pin Up이라고도 하는데, 핀으로 메모지를 벽에 꽂는다는 뜻에서 유래되었다.

네 번째는 트렌드 분석 및 추출의 마지막인 트렌드 정의 단계다. 여기서는 각 그룹별로 타이틀을 설정하고 특성을 기술한다. 타이틀을 설정할 때는 가급적 객관적이고 일반적인 용어를 쓰는 것이 좋다. 그룹의 특징을 잘 나타내는 대표적인 타이틀이 이미 그룹 내에 존재한다면 해당 단어를 사용하는 것도 좋은 방법이다.

다시 한 번 강조하지만 속도보다는 방향이 중요하다. 트렌드는 변화의 방향과 패턴을 인식하는 기법이다. 트렌드를 발굴하려는 목적은 변화하는 환경 속에서 기회를 잡기 위해서다. 인간은 본능적으로 자신의 가치관이나 입장과 다른 새로운 개념이 등장하면 기피하는 습성을 보인다. 기피하다 보면 새로운 변화가 이해되지 않고 세상의 흐름에 뒤쳐지게 된다. 변화를 기피하려는 본능을 최소화하기 위해서는 스스로 새로운 정보를 토대로 트렌드를 발굴해야 한다. 그러면 자연스레 트렌드에 대한 애착이 생기고 변화를 보는 습관이 생긴다.

사업의 성패는 패턴을 어떻게 구성하느냐에 달려 있다

학창시절, 친구들과 어울리지 않던 두 가지가 있었다. 하나는 당구고 다른 하나는 카드게임이다. 졸업 이후 사회생활을 하면서 이 두 가지를 잘하지 못해서 가끔씩 곤란할 때가 있었다. 그래서 당구를 배우기 위해 개인지도를 받기도 했고, 혼자 몰래 연습을 하기도 했다. 그러나 다른 사람들과 어울려서 칠 수 있는 수준만큼 늘지 않아서 답답함이 있었다. 한번은 중요한 사업파트너들을 접대해야 하는 자리가 있었는데, 식사 후 간단하게 당구 게임을 하자는 것이었다. 당시 나는 당구를 잘 치지 못했기 때문에 참가하는 데 의의를 둘 수밖에 없었다.

그런 일이 있고 얼마 뒤, 업무 파트너였던 회사의 오너를 만나게 되었는데 마침 그 오너가 굉장한 당구 마니아였다. 그는 천안 및 안성 지역에서 부동산 전문가로 알려진 장 회장이라는 분이었다. 그는 직장생활을 한 번도 하지 않고 혼자 맨손으로 사업을 시작해서 거부가 된 입지전적인 인물이었다. 장 회장의 당구 실력은 상당했으며 다른 사람들에게 당구를 가르치는 것을 천성적으로 좋아했다. 가끔 사업 미팅이 끝나고 여유 시간이 있을 때면 장 회장과 함께 당구를 쳤다. 그러면서 장 회장에게서 코칭을 받았는데, 신기한 점은 얼마 되지 않아서 나 스스로 상당한 수준의 당구실력을 갖출 수 있었다는 점이다.

장 회장이 나에게 코칭해 준 것은 세부적이고 개별적인 기술보다는 패턴에 관한 것이었다. 그의 주장에 따르면 당구에서 핵심적인 패턴은 대칭, 더블, 제각 돌리기, 바깥 돌리기, 리버스 등 5가지이며, 그 하부 패턴으로 약 100여 개가 있는데, 이 패턴들만 연습하면 된다는 것이었다. 그 덕분에 나는 당구대 위에 나타나는 수 만 가지 경우의 수를 100여 가지 패턴으로 구분하여 간단하게 이해할 수 있었다.

장 회장은 당구 전문가가 아님에도 불구하고 내가 이전에 만났던 다른 당구 전문가들보다 식견이 뛰어났다. 그가 그런 능력을 발휘할 수 있었던 이유는 아마도 패턴인식에서 비롯된 것 같았다. 장 회장이 패턴을 구성하는 능력이 뛰어나다는 것은 나중에 그의 사업 경험담을 듣게 되면서 점점 더 명확해졌다.

그는 땅에 대한 애착이 남달랐다. 그러한 애착 때문에 풍수지리에 관심을 갖게 되었고, 나름대로 전문성을 가지게 되었다고 한다. 장 회장의 말에 따르면 사람들이 풍수라는 것을 흔히 묘墓 자리를 보는 것 정도로 이해하는데, 이것은 극히 일부분에 지나지 않는다고 한다.

풍수지리에서 땅의 좋고 나쁨을 보는 방식은 5가지가 있다. 간룡법, 득

수법, 장풍법, 정혈법, 형국법이 그것이다. 용의 형상에 비유해서 산과 산맥의 위치를 판단하는 간룡법은 예로부터 산에서 땔감을 얻고 필요한 먹을거리를 얻는 데 필요했기 때문에 발달했다고 한다. 마찬가지로 식수와 관련해서는 득수법, 날씨와 습도와 관련해서는 장풍법, 토양의 생산력과 관련해서는 정혈법이 이용되었다는 것이 장 회장의 주장이었다. 무엇보다도 풍수지리에서 핵심은 다섯 번째인 형국법인데, 이 방법은 산, 강, 들판 등 지상에 존재하는 모든 것들을 하나의 패턴으로 보고 땅의 좋고 나쁨을 판단하는 것이라고 한다.

부동산은 개인 간 이해관계가 자주 충돌하고, 많은 사람들에게 욕망의 대상이 되는 분야다. 다른 물건과 달리 매우 복잡하며 표준화시키기 어려운 대상이기도 하다. 상가건물이 출근길의 우측 대로변에 있느냐, 퇴근길의 우측 대로변에 있느냐에 따라 가격이 다를 수 있고, 같은 도시지역에 있는 부동산이라고 해도 용도지구, 용도구역이라는 법률적 제한에 따라서도 차이가 난다.

장 회장은 이러한 부동산 시장의 특성을 이해하기 위해서 나름대로 패턴을 구성했다. 그는 부동산 사업에 있어서 시간적 개념의 타이밍을 중시했다. 기본적으로 부동산 시장은 10년 주기로 사업의 기회가 찾아오며, 지역별로 차이를 두어야 한다는 것이다. 그렇다면 왜 장 회장은 부동산 투자에 있어서 10년이라는 사이클을 강조했을까? 장 회장의 의견에 따르면 부동산 가격은 인근 지역의 공공개발과 밀접한 관련을 가지고 있으며, 대부분의 도시개발계획이나 도시환경정비 관련 개발이 10년 단위로 이루어진다는 것이다. 그 10년이라는 주기 안에는 개발계획 수립단계, 개발지역

지정, 개발시행 인가, 개발완료 및 완공인가 등의 단계가 있으며, 각 단계별로 가격상승 현상이 나타난다. 그래서 그는 시도별로 수립되어 있는 도시개발 기본계획이나 도시환경 정비계획 자료를 입수한 다음, 그 개발계획에 의거해서 지역별 부동산 주기를 분석하고 예측했다. 실제로 지방 자치단체의 시도 별로 수립되어 있는 도시 기본계획이나 도시 관리계획을 보면 주택단지, 도로, 전기통신 시설 등에 대한 개발계획 일정을 상세히 알 수 있다.

장 회장이 가지고 있는 부동산에 대한 독특한 패턴인식 중 하나가 지명과 관련된 것이다. 예를 들어 온溫, 금金, 천川, 수水 등의 한자를 포함하고 있는 지명들을 정리하여 지역별로 부동산 투자전략을 수립했다. 경험을 통해서 부동산 지명이 부동산 개발과 깊은 의미가 있다고 생각하고 있었기 때문이다.

부동산에서 대박이 터지는 경우는 대부분 개발제한이 풀리거나 용도변경이 되는 경우이다. 이것은 부동산을 소유한 모든 사람들의 꿈이기도 하다. 개발제한 완화는 중앙 정부의 고유권한이며 공공성이 중요하기 때문에 일반인이 개입할 여지가 없다. 그러나 온천, 천연 탄산수 등 자원개발과 관련된 항목이 나오게 되면 개인이 토지의 용도를 변경하여 허가 받기가 쉽다. 장 회장의 경우, 꼼꼼하게 전국 각 지역의 읍과 동 단위까지 지명을 정리하여 지역별 개발 허가가 어느 정도인지를 파악했다. 지명과 개발 허가 건수, 유동인구 등의 지역정보를 축적하면 지역의 특성이 선명하게 보인다고 한다. 그런 뒤에는 개발 허가가 늘고 있는 지역을 중심으로 부동산 투자를 했다. 그 결과, 몇몇 투자에서 대박을 터트렸다고 한다.

장 회장은 부동산 개발이나 투자에도 트렌드가 존재한다고 말했다. 다만 부동산 시장에서 나타나는 트렌드는 다른 시장과 달리 장기간에 걸쳐서 형성된다는 것이다. 또한 부동산의 지역적 특성으로 인해 비슷한 도시 개발이나 기간시설 개발 테마가 있어도 시장이 전혀 다르게 형성될 수 있다고 한다. 그래서 부동산 시장에서 트렌드 구성은 매우 세밀하게 접근해야 하는데, 개발지역의 도로 비율, 인구밀도, 인구흡수율 등에 대한 분석이 필요하다. 나는 개인적으로 장 회장의 경험담 중 이 부분, 즉 전국의 수많은 지역의 특이한 패턴을 찾기 위해 다방면의 정보를 수집하고 활용한다는 데에서 큰 시사점을 얻었다.

트렌드를 분석할 때, 범위를 넓혀서 포괄적으로 하는 경우가 있다. 예를 들어, 스포츠 산업 분야의 트렌드를 찾아내기 위해 국민소득을 기준으로 분석하는 경우가 여기에 해당한다. 국민소득 1만 달러 이상이면 테니스 인구가 늘어나고, 2만 달러 이상이면 골프가 유행한다는 것이다. 3만 달러 이상이면 승마, 4만 달러 이상이면 요트사업이 유망하다는 식이다. 그러나 이는 제대로 된 트렌드 추출이 아니다. 단순히 소득수준이 향상됨에 따라 소비가 늘어나는 것이지, 소득이 확대되어 취향이 바뀌는 것은 아니기 때문이다.

지금까지 비율, 주기, 트렌드 3가지 측면에서 패턴을 찾는 방법을 살펴보았다. 비율은 주로 공간에 대한 패턴을 찾는 것이다. 반복적으로 나타나는 현상의 특징을 표현할 수 있는 통계적 비율에서부터 구성요소들의 성분비, 미학적인 비율 등이 이 영역에 포함된다. 주기는 시간에 관한 것으로 순환의 원리에 의하여 성장, 성숙, 쇠퇴, 침체를 반복하는 패턴을 찾는 것이다. 천체의 움직임에 대한 주기를 밝히거나, 기술과 상품의 생애주기와 관련된 이론들, 경제학에서 이야기하는 키친 파동, 주글라 파동, 콘드라티예프 파동 등이 주기와 관련된 것들이다. 트렌드는 우리에게 익숙한 생활 전반과 밀접한 관련이 있다. 그래서 굳이 설명을 듣고 이해하기보다는 본인 스스로 복잡한 정보들 속에서 트렌드를 어떻게 추출할 수 있는지 경험을 통해서 습득하는 것이 더 중요하다.

엄밀하게 따지면 비율, 주기, 트렌드 3가지는 패턴을 구성하는 방법 중 일부에 해당한다. 장 회장과 같이 지명에서 패턴을 찾거나, 풍수지리에서처럼 땅의 형세를 보고 패턴을 찾을 수도 있다. 패턴의 핵심은 의미 있는 반복적 규칙을 찾는 것이다. 그 규칙은 일과성이 아닌 지속성이 담보되어야 한다. 그래야만 패턴으로서의 의미가 있다.

트렌드를 추출하는 데 있어서 가장 큰 어려움은 그 현상이 추세적인 것이냐 일시적인 것이냐를 판단하는 과정에서 발생한다. 대부분의 사람들이 자신이 분석한 트렌드가 지속성이 있다고 판단한다. 그러다가 시간이 지나고 난 뒤에야 많은 것들이 일시적이고 지엽적인 현상에 지나지 않는다는 것을 확인하게 된다. 이러한 문제는 대개 축적된 정보가 부족하기 때문에 발생한다. 지식과 경험이 부족한 상태에서 트렌드를 잘못 읽고 사업을 시작했다가 낭패를 보는 경우를 쉽게 찾아 볼 수 있다. 창의력 단계에서 패턴을 규명한다는 것은 그 자체로 중요한 일이지만, 실용적이고 정확성 높게 규명하기 위해서는 충분한 정보가 전제되어야 한다는 사실을 다시 한 번 강조하고 싶다.

패턴에서 중요한 것은 전체적으로 나타나는 현상의 본질을 찾는 것이다. 위기에 부딪치거나 어려움을 겪을 때마다 내가 늘 하는 이야기가 있다. "장님 코끼리 만지기 식의 인식구조에서 벗어날 수 없다."는 말이다. 패턴은 부분적인 지식과 경험을 전체적인 관점에서 활용하기 위해 절대적으로 필요한 인식 방법이다.

이 장에서 다룬 비율, 주기, 트렌드 이외에도 패턴을 구성하는 여러 가지 방법이 있을 수 있다. 그 방법 무엇이든 부분적인 특징으로 전체를 설명할 수 있는 패턴을 찾는 것이 우리가 가지고 있는 인식의 한계를 탈피할 수 있는 탈출구라는 점을 기억하기 바란다.

5

패턴들
간의
관계를
파악하라

패턴과 패턴을 연결하면
숨겨진 비밀을 알 수 있다

이제 창의력 프로세스의 마지막 단계인 관계화Relation를 다룰 차례다. 관계화는 패턴과 현상을 연결하거나 패턴과 패턴을 연결하여 새로운 사실을 발견하는 과정이다. 이를 위해 패턴 단계에서 도출한 규칙을 토대로 가설을 수립하고 검증하는 것이 관계화의 핵심이다.

패턴단계에서 도출한 규칙은 시간, 공간, 상황에 따라 다양한 형태로 나타날 수 있다. 예를 들어 '베이비 붐'이라는 말은 1950년대 말 미국 통계청에서 인구 패턴을 발표하면서 처음 사용되었는데, 이후 일본에서 이와 비슷한 '단카이 세대'라는 패턴을 찾게 되었고, 우리나라에서는 한국전쟁 이후에 '베이비 붐' 패턴이 나타나는 것을 발견하게 되었다. 관계화는 이와 같이 특정 패턴을 활용하여 다른 현상을 설명하거나 증명하여 새로운 사실을 발견하는 과정이다.

가끔 유명 인사들의 인생 굴곡을 보면서 인간의 운명이 종이 한 장 차이라는 사실을 깨닫게 된다. 1960년 미국에서는 35대 대통령 자리를 놓고 케네디와 닉슨이 각축을 벌였다. 닉슨은 당시 미국 부통령이었기 때문에 선거전에서 기득권 프리미엄이 있었다. 실제로 1960년 초반에는 닉슨에 대한 인지도나 지지율이 케네디보다 높았다. 그런데 이때 새로운 형태의 미디어 프로그램이 도입되었다. 세계 역사상 처음으로 생중계 방식의 TV 토론회를 실시한 것이다. 이 TV 토론회로 인해 선거의 판도는 완전히 달라졌다. 케네디의 수려하고 건강한 외모에 일반 유권자들이 매료되면서 케네디의 지지율이 상승했고, 결국 케네디가 닉슨을 제치고 미국 35대 대통령을 차지하게 되었다. 정치인의 이미지가 지지율에 변화를 주는 패턴을 찾아볼 수 있었던 핵심적인 사건이었다.

외모와 정치적 지지율 패턴 사이의 관계는 이후 다른 분야의 연구대상으로 부활하였다. 외모와 지지율의 관계를 유심히 살펴보던 텍사스 대학교 경제학과 교수 다니엘 하머메시Daniel Hamermesh는 외모가 경제적 효과에 어떠한 영향을 미치는지를 분석하였다. 정치적인 현상에서 나타난 패턴을 경제적인 현상으로 연결한 것이다. 그의 연구에 따르면 외모가 준수한 사람은 그렇지 못한 사람보다 연봉이 평균 5% 이상 높았고, 못생긴 사람은 평균보다 약 15% 적게 받는 것으로 나타났다. 이처럼 어느 하나의 패턴을 다른 현상이나 패턴과 연결하여 새로운 사실을 발견하는 것이 관계화 단계의 핵심이다.

관찰과 기호화를 거치면서 정보를 축적하고 패턴을 찾았다면, 관계화의 전제조건이 마련되었다고 할 수 있다. 이러한 조건들을 토대로 관계화를 시도하기 위해서는 가설을 수립하고 검증하는 과정을 거쳐야 하는데, 이 때 필요한 것이 관계인식과 관계검증이다.

강남에 사는 철수가 미국 아이비리그에 속하는 대학에 입학했다고 가정하자. 옆집에 사는 영희는 철수 오빠처럼 자기도 똑같은 대학에 진학하는 것을 목표로 삼았다. 그래서 철수가 3년 동안 시시콜콜하게 쓴 일기내용을 전부 분석하여 패턴을 추출하였다. 그 결과, 철수는 매일 7시간씩 충분히 자고, 4시간 이상 개인공부를 하고, 영어·수학·과학을 중심으로 과외를 받은 것으로 나타났다. 영희는 이를 토대로 자신도 똑같이 하루 7시간씩 자고, 4시간 이상 자습을 하고, 영어·수학·과학은 과외를 하면 아이비리그 대학에 갈 수 있을 거라고 생각했다.

자, 이제 영희는 철수처럼 아이비리그 대학에 갈 수 있을까? 어느 누구도 그렇다고 단정할 수 없을 것이다. 어느 정도 가능성은 있겠지만, 그 가능성이 어느 정도인지도 판단하기 어렵다. 이를 판단하기 위해서는 철수의 생활패턴이 영희에게도 동일하게 적용될 수 있는지를 살펴보아야 한다. 철수의 방식이 자신에게도 동일하게 적용될 수 있다는 영희의 관계인식이 정말 옳은 것인지 관계검증을 해야 하는 것이다.

그럼 여기서 관계인식과 관계검증에 대해 조금 더 살펴보도록 하자.

먼저, 관계인식은 패턴들 간의 공통점을 연결하거나 차이점을 구분하는 것과 관련이 있다. 영희가 발견한 철수의 생활패턴 중에는 아이비리그 대학 진학과 인과관계가 성립하지 않는 것이 있을 수 있다. 과외를 받는 과목이 철수가 가장 취약하게 생각하는 과목이었다면, 이 부분은 사람마다 다르다. 영희가 수학을 무척 잘하는데도 불구하고 과외를 받는다면 오히려 주도적인 학습에 방해가 될 수 있을 것이다. 뿐만 아니라 영희가 파악하지 못한 패턴들도 있을 수 있다. 철수가 진학할 때와 영희가 진학할 때의 경쟁률이 다를 수 있고, 지원자에게 원하는 조건도 달라질 수 있을 것이다. 이처럼 패턴 간의 관계를 연결하고 공통점과 차이점을 발견하는 것이 관계인식이다.

관계검증은 가설을 수립하고 검증하는 과정이다. 먼저 가설수립은 영희가 철수의 학습법을 분석하고 자신이 가진 조건, 입시 상황 변화 등을 감안하여 아이비리그에 갈 수 있는 가설을 세우는 단계에 해당한다. 그런 뒤에는 수립된 가설이 현실에 적용 가능한지를 판단하는 가설검증의 과정을 거치게 된다.

관계화 단계에서는 관계인식보다는 관계검증에 더 무게를 두고 중요시한다. 하나를 하더라도 제대로 하는 것이 중요하고, 관계인식보다는 관계검증의 과정이 어렵기 때문이다.

관계인식능력을 높여야
일 잘한다는 소리를 듣는다

회사의 비전 선포식을 준비하는 과정에서 생긴 일이다. 비전 선포식을 준비하기 위해서는 발표내용 정리는 물론 행사장 선정 및 점검, 기념품 준비 등 잡다한 일을 처리해야 한다. 행사준비를 위해 부서장이 담당 과장에게 지시를 내렸다.

"김 과장, 사장님 연설문 준비하고, 일정이랑 장소 등 행사 관련 계획서를 만들어 줘."

"네, 알겠습니다. 금주 중으로 보고하겠습니다."

준비를 맡은 김 과장이 금요일 오후에 행사계획을 보고하자, 부서장이 다시 추가사항을 전달했다.

"남녀 대표사원 합동선서 운영계획이 빠졌잖아. 행사참가 안내 계획도 빠졌고. 다시 준비해."

"네, 알겠습니다. 다음 주 초까지 보고하겠습니다."

월요일 오후. 김 과장이 다시 계획을 보고하자 부서장이 얼굴을 붉히며 한 마디를 던졌다.

"합동선서 하는 남녀직원 선정방법도 계획에 집어넣어야지. 도대체 왜 이렇게 말귀를 못 알아들어!"

김 과장의 일 처리가 답답해 보이겠지만, 실제 현장에서 이런 일은 비일비재하게 일어난다. 도대체 왜 그런 걸까? 무능력해서일까? 일에 집중하지 않아서일까? 답은 관계인식 능력이 부족하기 때문이다. 일의 선후관계나 업무 패턴 전반에 관한 관계인식 능력이 떨어지면 업무에 누수현상이 발생한다.

이러한 관계인식은 인과관계, 계층관계, 모순관계로 구분할 수 있다. 그럼 지금부터 각각의 차이가 무엇이고 어떻게 활용할 수 있는지 차례대로 살펴보도록 하자.

첫 번째로 다룰 것은 인과관계 인식이다. 인과관계는 '모든 현상에는 원인이 있고 원인이 없다면 어떠한 현상도 일어나지 않는다'는 것을 기본 전제로 삼는다. 따라서 일정한 조건 하에서 원인에 의해 필연적으로 결과가 도출된다는 것이 인과관계이다.

원인과 결과는 So What/Why So 방식을 통해 규정할 수 있다. So What 프로세스는 개별적인 사실에서 일반적 원리를 도출하는 것이다. 강남대로에서 몇몇 여성들이 어그부츠를 신고 다니는 모습을 보고 대한민국 전체에 어그부츠가 유행할 것이라는 결론을 도출하는 경우가 여기에 해당한다. So What 프로세스는 우리가 가지고 있는 한정된 지식과 경험을 토대로 새로운 결론을 내릴 때 활용되는데, 새로운 결론은 하나의 가설이 된다. 이에 반해 Why So 프로세스는 일반적 원리에서 개별적 사실을 설명하는 것이다. 지하철에서 손수레에 물건을 싣고 나와 파는 사람들이 자주 사용하는 방식이 바로 Why So 프로세스다. 그들은 자기 물건을 우수한 상품이라고 소개하고 나서, 가격·품질·기능 등 개별적 우수성을 근거로 들며 논리적으로 입증하는 방식을 자주 사용하는데, 이것이 바로 Why So 프로세스 기본이다.

So What 프로세스는 수많은 팩트 정보를 중심으로 결론을 찾아내는 과정이다. 우리말로는 '그래서 어떻다는 것인가?' 정도의 의미라고 할 수 있는데 '무엇을 알 수 있는가?' '결론은 무엇인가?'를 묻는 사고방식이다. 반면 Why So는 '근거가 무엇인가?'를 묻는 사고방식이다. So What 방식으로 결론을 도출하고 나서 그 결론을 도출한 원인을 Why So 방식으로 검증함으로써 인과관계를 설정할 수 있다.

사람들은 몸이 아프면 병원에 간다. 병원을 방문하면 의사가 과거 진찰 기록을 확인하고 맥박을 짚어보거나 청진기를 가슴과 등에 대보기도 한다. 그런 다음 팩트 정보를 추출한다. 체온은 39.5도로 매우 심각한 상태이고, 호흡이 곤란할 정도로 기침을 자주 한다는 사실도 확인한다. 목에 통증이 있고 구토 증세가 있었다는 사실도 확인한다. 그런 다음, 폐렴이라고 잠정 결론을 내리고 처방을 한다. 이렇게 여러 팩트 정보로부터 결론을 찾아가는 과정이 인과관계 인식의 과정이다.

두 번째는 계층관계 인식이다. 계층관계는 전체와 이를 구성하는 부분의 관계를 규명하는 것이다. 인과관계가 원인과 결과의 관계를 밝히는 것이라면 계층관계는 구성요소의 관계를 밝히는 것이다. 자동차를 예로 들면, 인과관계로 자동차를 파악하면 소비자의 요구, 엔진 기술의 발전 등을 떠올리게 되는 반면, 계층관계에서 보면 자동차를 구성하는 구조장치, 기계장치, 전자장치 등의 요소로 설명하게 된다.

역사라는 학문을 다루는 데 있어서 시대를 구분하거나 시대별로 양반, 중인, 천민 등 사회구조를 밝히는 것도 역사적 사실들 간의 관계를 계층적으로 분석하는 것이라 할 수 있다. 이런 계층적 관계인식은 역사를 이해하고 새로운 원리를 규명하는 연구방법이 된다.

일반적으로 기업의 존재이유는 이윤 극대화라고 말할 수 있다. 이윤을 창출해야 세금도 내고 고용도 할 수 있다. 기업에서 창출한 이윤을 개인 금고처럼 유용하는 몇몇 몰지각한 사람들 때문에 우리 사회에서 이윤추구에 대해 부정적인 시각을 가지는 경향이 있다. 그러나 기업이 이윤을 추구하고 이를 위해 가치를 생산하는 것은 신성한 활동이다. 그렇다면 기업은 이윤 또는 가치를 어떻게 창출할 수 있는가? 이것을 가장 잘 설명해 주는 것이 마이클 포터 Michael Porter 의 가치사슬 Value Chain 이다.

가치사슬은 기업이 이윤과 가치를 창출하는 데 있어서 경영활동에 투입되는 요소들 간의 관계를 규명한 모델이다. 가치사슬에서는 이윤창출을 위한 기업의 활동을 핵심활동과 부가활동으로 구분한다. 핵심활동은 원자재 구매, 생산, 마케팅, 서비스 등으로 세분화하고, 부가활동은 인사, 재무, 기획 등 세부 지원기능으로 구분한다. 이렇게 각 경영활동의 관계를 구분하는 이유는 이윤창출을 위한 핵심 사항이 무엇인지 분석하고 이를 바탕으로 경쟁력을 강화할 수 있는 요소를 발굴하기 위해서다. 이와 같이 일정한 대상에 대해 전체적인 차원과 부분적인 차원으로 그 요소들을 구분하고 요소들 간의 관계를 정립하는 것이 계층관계이다.

계층관계는 여러 요소들이 모여 하나의 시스템을 구성하되, 각 요소들이 중복도 누락도 없는 관계여야 한다. 중복도 누락도 없다는 의미로 쓰는 'Mutually Exclusive and Collectively Exhaustive'를 줄여서 MECE라고 한다. 맥킨지 컨설팅에서는 MECE 개념을 가위바위보 게임에 빗대어 설명한다. 가위바위보 게임에서 선택할 수 있는 이벤트는 가위, 바위, 보 세 가지다. 이 세 가지는 서로 중복되지 않으며, 셋을 합치면 게임 전체에 누락이 없는 MECE한 관계가 성립한다. 가위바위보 게임처럼 전체를 MECE한 요소로 구분하고 관계를 규명하는 것이 계층관계를 인식하는 과정이다.

세 번째는 모순관계 인식이다. 모순관계 인식은 의사결정을 검증할 때 매우 요긴하게 활용할 수 있다. 한국경제 역사에서 가장 코미디 같은 사건 중 하나가 일명 '조희팔 사건'이라 불리는 '대구 의료기기 다단계 사기 사건'이다. 이 사건은 2004년부터 2008년까지 약 4년 동안 대구에서 시작하여 전국을 무대로 일어난 사기 사건이다. 이 사건의 범인들은 의료기와 부동산 임대사업 명목으로 투자자들을 모집하여, 약 4조 원의 돈을 가로챘다. 당시 약 3만 명의 사람들이 안전하고 고수익이 보장된다는 말에 현혹되어 다단계 사업에 참여하였다. 그 사업은 연간 35% 이상의 수익금이 보장되는 것처럼 사람들을 속인 다음, 신규 회원들의 투자금을 받아서 기존 회원들에게 수익금을 분배하는 식으로 운영되었다. 사업을 시작한 지 1년 만에 대구지역에서 전국으로 확장되었고, 재건축사업, 부동산사업, 환경사업, 레저사업 등 문어발식으로 신규사업을 벌여나갔다.

투자자들은 연리 35%의 수익금이 꼬박꼬박 들어오니 너무도 좋아했다. 항상 사기는 작은 미끼에서 시작한다. 투자자들은 초기 투자금 440만 원으로 시작해서 거액의 추가 투자를 권유받고 억대 단위로 금액을 늘려갔다. 거액의 돈이 계속 들어왔고, 사기꾼 일당은 돌려막기 식으로 수익금을 분배했다. 그러다가 수익금 돌려막기가 어려워지는 한계시점을 정확히 계산한 다음, 그 날짜에 내부 전산시스템을 파기하고 돈을 챙겨서 도주하였다.

이 사기사건을 가만히 들여다보면, 과정상에 수많은 모순점들이 발견된다. 임대사업과 신규사업으로 초기부터 연간 35% 이상의 배당을 준다는 점, 수익성이 좋은 사업에 불특정 다수의 사람들을 끌어들인 점, 의료기기 임대사업과 전혀 관계없는 신규사업으로 사업확장을 하는데도 수익이 계속 발생한 점 등이다.

모순관계를 인식한 사람들은 초기에 수익을 챙기고 빠져 나왔지만 그렇지 못한 대다수의 사람들은 큰 손해를 입고 패가망신했다. 이처럼 모순관계는 제거하고 피해야 할 대상이다. 수익과 위험 간의 관계를 정확히 이해하지 못하면 사기를 당하기 쉽고, 무리하게 사업에 뛰어들었다가 뼈아픈 실패를 경험할 수 있으니 주의해야 한다.

관계인식은 창의력의 결정판이다. 서양 속담에 "숲을 지나 왔지만 땔감을 구하지 못했다"라는 말이 있다. 이 속담은 어떤 대상에 대해 관계인식이 없으면 얻을 것이 없다는 의미를 담고 있다. 마찬가지로 많은 경험과 지식을 가지고 있다고 하더라도 관계인식 능력이 떨어지면 활용도 안 되고 새로운 것을 창조해 낼 수도 없다. 인류사에 있어서 위대한 발견이나 발명의 사례들을 보면, 대부분 이미 존재하는 것들을 잘 인용하고 활용했다는 사실들을 찾아볼 수 있다. 이러한 창의력은 결국 관계인식이라는 능력에 의해서 좌우된다. 여러 현상들의 관계를 고민하는 과정에서 새로운 가설들이 만들어지고 새로운 발견과 발명을 하게 되는 것이다.

관계를 정확히 파악하고 싶다면
가설을 수립하고 검증하라

관계를 검증하기 위해서는 가설을 수립하고 검증하는 과정을 거쳐야 한다. 가설수립은 패턴을 활용하여 가능성이 있는 것을 찾아 잠정적 결론을 내리는 과정이다. 그 잠정적 결론을 통하여 우리는 현상을 좀 더 명확하고 단순하게 인식할 수 있다. 그런 다음에는 수립한 가설이 현실에 부합하는지 검증하는 과정을 거친다. 가설검증은 가설수립의 프로세스와는 정반대로 잠정적 결론이 개별적인 사실에 부합하는지를 일일이 확인하는 과정을 거친다. 이 과정은 자연과학에서 새로운 이론을 증명하는 방식이기도 하다.

제2차 세계대전 당시 노르망디 상륙작전에서 있었던 일이다. 연합군은 사상 최대 규모의 상륙작전을 준비하기 위해 다양한 가설을 수립하고 검증하는 과정을 반복했다. 당시 연합군의 가장 큰 고민은 미군의 주력모델인 셔먼 탱크를 어떻게 해안에 상륙시키느냐 하는 문제였다. 상륙작전 시

탱크는 병력을 엄호하고 화력을 지원하기 위해 반드시 필요했다. 그러나 접안시설이 없었기 때문에 모함이 해안으로 접근하기 불가능했고, 근해에서 해안선까지 탱크를 운반할 운반체도 없었다. 문제를 해결하기 위해 전문 엔지니어가 투입되었고 수많은 기술과 도구를 융합하는 실험이 반복되었다. 그 결과 탱크에 부력장치를 달고 하단에 프로펠러를 설치하는 아이디어가 채택되었다. 셔먼 탱크를 수륙 양용 장갑차와 비슷하게 만들어서 해안에 상륙시키는 아이디어였다.

테스트 과정에서 셔먼 탱크는 물 위에 성공적으로 부양되었다. 1944년 6월 6일. 드디어 노르망디에서 대규모의 작전이 개시되었다. 그러나 개조된 셔먼 탱크는 부양 기능이 제대로 작동하지 않았다. 노르망디 해안의 작전구역은 총 다섯 곳으로 구분되어 있었는데, 특히 오마하 작전에서 이 문제가 심각하게 나타났다. 셔먼 탱크 30대 중 27대가 침수되었고, 단 3대만 상륙에 성공했다. 이로 인해 다른 작전지역보다 연합군의 피해가 컸다. 이러한 역사적 사실이 영화 〈라이언 일병 구하기〉에서 연합군 상륙장면의 배경이 되었는데, 영화 속 장면처럼 노르망디 상륙작전 중 오마하 지역은 그 어느 전투보다 치열했고 사상자도 많았다. 그렇다면 테스트 과정에서는 탱크를 물에 띄우는 데 성공했지만 실전에서는 실패한 이유는 무엇일까? 답은 관계 검증을 치밀하게 하지 못했기 때문이다.

관계를 치밀하게 검증한다는 것은 가설의 수립보다 검증에 더 무게를 두는 것을 뜻한다. 셔먼 탱크의 경우, 가설은 '일정한 부력장치와 추진력만 있으면 수륙 양용 장갑차처럼 노르망디 해안에 상륙 가능하다'는 것이었다. 연합군은 이를 검증하는 단계에서 셔먼 탱크에 적합한 부력장치와 프로펠러를 설치하고 해상에서 육지로 상륙할 수 있는지 확인해야 했다. 셔먼 탱크를 모함에서 바다로 내리는 상황, 바다에서 육지로 이동하는 상황, 육지에 상륙하여 실제 전투를 지원하는 상황 등이 모두 검증되어야 탱크가 무사히 상륙할 수 있다고 판단할 수 있었다. 어느 하나만 틀려도 모든 작전은 수포로 돌아간다. 그리고 이러한 검증 실패는 실전에서 아군의 생명을 위태롭게 할 수 있다. 그러나 당시 연합군은 독일군의 정찰비행을 피해 제한된 시간과 장소에서 테스트할 수밖에 없었다. 불가피하게 호수나 강에서 테스트를 하다 보니 바다의 파도와 너울을 감안하지 못했고, 탱크의 상륙은 사실상 실패하고 말았다.

관계검증은 가설수립과 가설검증으로 이루어지며 접근방식에서 차이가 나타난다. 가설수립은 개별적 경험과 지식을 바탕으로 새로운 사실을 발굴한다는 의미에서 귀납적 논리를 구성하며 So What 프로세스를 따른다. 이에 반해 가설검증은 잠정결론이 실제 상황에 부합하는지 확인하는 과정으로 Why So 프로세스의 연역적 논리를 구성한다.

가설은 '새로운 사실을 설명하기 위해 임시로 설정한 결론'이며 가설수립 이후에는 반드시 검증작업이 뒤따라야 한다. 가설은 관계가 인식될 때, 즉 패턴들 사이에 상호 연관되는 개념이 생길 때 수립된다. 가설은 개별적인 경험과 지식을 바탕으로 새로운 사실을 발굴하는 것인데, 그 사실은 포괄적이면서 전체적인 개념을 담게 된다.

친하게 지내는 지인 중에 주류제조업을 하는 선배가 있다. 이 선배가 운영하는 회사는 문배주, 안동소주 같은 전통 민속주를 대형 마트와 백화점에 납품한다. 식음료사업 중에서도 특히 주류사업은 경기에 매우 민감하

◆ **가설수립과 가설검증의 차이**

구분	가설수립	가설검증
논리구조	귀납적 방법	연역적 방법
사고범위	전체적	부분적
사고방식	So What	Why So
필요 요소	경험과 직감	팩트
창의력 단계	관계화	관찰

다. 그래서인지 그 선배는 국내 경제상황과 시장경기 동향에 대해 많은 관심을 가지고 있다. 같은 지역에 살고 있기 때문에 가끔 저녁 식사를 할 기회가 있는데, 이때마다 주요 경제 이슈 및 전망에 대해 열띤 토론을 나눈다. 그 선배는 경제 전문가가 아님에도 불구하고 비교적 정확하게 경제를 예측해낸다. 자신이 회사의 오너이지만 직접 대형 마트와 백화점 현장을 돌아다니며 상품진열이나 고객 반응을 살피는 것을 좋아했다. 그 선배의 주장은 현장을 다니면서 고객들의 유동 규모와 표정을 읽으면 경제가 보인다는 것이다. 주류사업이 경기에 민감하기 때문에 출고되는 상품들의 종류나 매출추이를 보면 서너 달 먼저 경기 흐름을 알 수 있다고 한다. 그래서 본인의 회사실적을 토대로 국내 경제성장률을 예상하곤 했다.

어찌 보면 사소하고 관계가 없는 개인회사의 실적을 근거로 한국경제의 성장률에 대한 가설을 수립하는 발상이 무척 재미있었다. 이런 식의 논리적 접근이 귀납법이며 가설수립의 방법이다. 처음에는 선배의 말을 흘려

들었다. 그러나 실제로 언론을 통해서 발표되는 수치와 선배가 예측한 수치와 거의 비슷하다는 사실을 알았을 때는 그저 신기할 따름이었다.

귀납법은 개별적인 특수한 사실이나 현상에서 일반적인 결론을 이끌어 내는 사고 방법이다. 일반 조직에서 실무자들은 대부분 귀납법을 이용해 일을 처리한다. 그러나 본인들이 귀납적으로 접근을 하면서도 그 원리를 잘 모른다. 한번은 제조업체에 강의를 나가기 전에 교육담당부서로부터 연락을 받았다. 사전에 교육 니즈Needs를 조사했는데 강의에 반영해 달라는 것이었다. 그러면서 이메일로 다음과 같은 내용을 보내왔다.

소통이 잘 되지 않는다.
보고서 작성에 애로사항이 있다.
타 부서와의 협력을 강화하는 방법을 알고 싶다.
부서 미팅을 효과적으로 하고 싶다.
시간관리를 못한다.
프로젝트 스케줄 관리가 안 된다.
수강생들과 즐겁게 교육을 받고 싶다.
표현 기술이 부족하다.
문서작성이 어렵다.
납기관리가 되지 않는다.
보고요령을 알고 싶다.
고객을 설득하는 요령을 배우고 싶다.
회의진행 요령에 대해 궁금하다.
업무의 우선순위를 정하는 방법을 알고 싶다.

만약 여러분이 내 입장이라면 이 같은 목록을 보고 무엇으로 교육 주제를 잡겠는가? 교육담당자가 현장의 목소리를 담아서 강사에게 보내 준 건 잘한 일이다. 그러나 내용을 좀 더 잘 요약해서 보내줬으면 좋았겠다는 아쉬움이 남았다. 내용을 요약하여 정리하는 방법이 바로 귀납법이다.

당시 내가 교육참가자들의 의견 리스트를 보고 생각한 것은 두 가지였다. 하나는 '커뮤니케이션 스킬'이고, 다른 하나는 '시간관리'다. 내가 생각한 두 가지 사항은 잠정 결론에 해당하는 일종의 가설이다. 경우에 따라서는 내 생각이 틀릴 수도 있는데 앞서 설명했듯이 가설은 반드시 확인해야 한다. '교육참가자들이 필요로 하는 강의주제는 커뮤니케이션 스킬과 시간관리다'라는 가설을 참가자들에게 확인하는 것이 가설검증이다.

가설검증의 기본원리는 가설과 실제 팩트를 비교하여 동일한지 확인하는 것이다. 가설검증을 위해 팩트를 조사하는 방법은 테스트, 설문조사, 조사분석, 토론 등 매우 다양하다. 가끔씩 TV를 통해 흉악범죄 피의자들의 현장검증 장면을 보게 되는데, 현장검증도 일종의 가설검증을 위한 팩트 조사방법이다. 피의자의 조사 내용과 범죄 현장에서 재연한 내용이 일치하는지 확인하는 것이다. 이처럼 가설검증은 가설이라는 일반적인 사실에서 출발하여 그 사실에 포함된 개별적 사실들이 거꾸로 가설을 설명할 수 있는지를 확인하는 과정이라 할 수 있다.

가설의 수립과 검증은 의사결정 능력을 개발하는 데 있어서 절대적인 요소이다. 특히, 수많은 의사결정이 실패하는 원인이 가설검증의 문제 때문이라는 사실에 주목할 필요가 있다.

한때 잘 나가다가 수익성 악화와 시장점유율 저하로 심각한 문제에 직면한 회사가 있었다. 그 회사의 최고경영자는 수익성 악화와 시장점유율 하락의 원인이 영업부서 직원들의 나태한 영업 행태에서 비롯되었다고 결론을 내렸다. 여기서 가설은 '영업부서 직원들의 나태한 영업 행태로 회사 실적이 저하되었다'이다. 근거는 실무부서로부터 보고받은 내용과 최고경영자의 개인적인 생각이 합쳐진 것이다. 영업부서의 개인별 실적현황, 직원들의 외근 빈도, 근무태도도 감안이 되었다.

결국 최고경영자는 대대적으로 영업조직을 개편하고 분위기를 혁신하기로 결정했다. 영업혁신 실행계획을 담당하는 조직에서도 최고경영자의 생각에 별다른 이견이 없었다. 최고경영자의 지시에 따라 영업부서 지원 시스템 개선, 영업직원 대상 교육실시, 영업실적 평가제도 강화, 정기적인 영업실적 전략회의 개최 등의 대책이 마련되었다. 이 모든 대책들은 영업직원들의 나태함이 문제의 원인이라는 가설에서 출발한 것이다. 최고경영자의 지시사항은 일사불란하게 조직 내에 전파되었고, 가설이 검증되지 않은 채 조직이 역동적으로 움직였다.

현장에 이러한 지시가 떨어지면 생각할 겨를도 없이 지시 내용대로 열심히 과제를 만들고 영업조직을 개편한다. 심지어 가설검증은 둘째 치고 가설을 더 확대해석해서 모든 문제의 원인을 영업조직으로 돌리는 경우도 있다. 그러나 검증되지 않은 주관적인 생각이나 판단은 언제나 사실과 많은 차이를 보인다.

이 회사의 경우, 영업조직 개편에 많은 예산을 쏟아 부었지만 시간이 지나도 좀처럼 매출규모와 시장점유율 회복 기미가 보이지 않았다. 결국 얻는 것은 없고 쓸데없이 에너지만 낭비한 꼴이 되고 말았다. 이는 수립한 가설에 대한 검증을 제대로 하지 않고 실행단계로 곧바로 들어갔기 때문이었다.

그렇다면 가설을 어떻게 검증해야 했을까? 최초 설정한 가설은 '나태한 영업 행태로 인한 매출규모 및 시장점유율 저하'였다. 가설검증은 최초 설정한 가설을 설명할 수 있는 전제를 설정하는 데서 시작한다. 처음 가설수립 단계에서 시장점유율 저하를 설명하는 전제에 해당하는 영역은 매출 저조, 외근활동 취약, 서비스 품질 불량 등 3가지였다. 그렇다면 다음 단계에서 해야 할 작업은 3가지 영역에 해당하는 팩트 정보를 찾아서 전제를 설명할 수 있는지 확인하는 일이다.

첫째, 인당 매출 부분에서는 다른 회사와 비교했을 때 상대적으로 어떤 위치에 있는지, 그동안 실적이 어떻게 변화했고, 실적 부진이 일시적인 현상은 아닌지, 영업사원 수가 인당 실적에 어떤 영향을 주는지 등의 팩트 정보를 확인할 수 있다. 둘째, 외근활동 부분에서는 기간별 고객접촉 횟수, 관리하는 고객의 규모, 직원들의 상품지식 및 개인별 판매 주력 상품 존재 여부 등을 확인해야 한다. 셋째, 서비스 품질 문제는 고객의 요구사항, 서비스와 제품만족도 등을 활용할 수 있다. 최종적으로 구성한 팩트 데이터들이 최초 설정한 인당 실적 문제, 영업활동 문제, 서비스 품질 문제와 같은 전제를 설명할 수 있으면 가설이 검증된다. 이와 같이 수립된 가설을 검증하기 위하여 귀납법의 반대 과정인 전제와 팩트 정보를 확인하는 것을 가설 연역법이라고 한다.

만약 가설이 검증되지 않는다면 어떻게 할 것인가? 당연히 가설이 기각되는데, 실망할 필요는 전혀 없다. 경험적으로 보면 이러한 가설검증 과정을 거치면서 처음 예상한 것과 전혀 다른 새로운 사실들을 발견하고 한 차원 높은 가설을 수립하는 경우가 많기 때문이다. 만약 그렇다면 기존의 가설을 버리고 새로운 가설을 취한 다음, 또 다시 가설검증 프로세스를 거치면서 현실에 부합하는 최적의 결론을 찾아야 한다.

가설지향적 사고 프로세스는 전략을 수립하고 실행하는 기초다. 아무리 복잡한 일도 귀납적 사고와 가설 연역법만 정확하게 알고 있으면 쉽게 접근이 가능하다. 일의 접근 방법은 간단해야 한다. 그래야 실무적으로 활용하기 편하다. 그리고 스스로 활용하려는 의지가 있어야 한다. 가설지향적 사고 프로세스를 활용하면 현장에서 미처 생각하지 못했던 많은 성과를 얻을 수 있다는 점을 강조하고 싶다.

실행 단계에서 많은 어려움을 겪는 이유는 실행 이전에 관계검증을 누락하거나 대충 대충 하기 때문이다. '훈련 시에 흘린 땀 한 방울이 전쟁 시의 피 한 방울과 같다'는 말이 있다. 관계검증은 훈련 시에 흘리는 땀 한 방울과 같다. 성공으로 가는 길목에서 실패는 필연적으로 나타난다. 성공의 열쇠는 시행착오를 얼마만큼 줄이느냐에 달려 있다. 어떤 일을 하든 관계검증이 성공의 열쇠라는 점을 명심하기 바란다.

가설 수립을 위해
데자뷰 패턴을 활용하라

데자뷰Deja vu라는 말은 프랑스어로 '전에 본적이 있는'이라는 의미를 가지고 있다. 경험하지 못한 상황이나 대상이지만 이미 경험한 것처럼 느껴지는 현상을 말한다. 이 말은 20세기 초반 프랑스의 심리학자들이 인간의 뇌가 이미 알고 있는 것과 비슷한 현상들을 마치 자신이 경험한 것으로 착각하는 것을 설명하기 위해 사용하기 시작했다. 지금부터 설명할 데자뷰 패턴은 서로 비슷한 관계에 있는 패턴들을 말한다. 이러한 비슷한 패턴들 간의 관계는 새로운 가설을 수립하고 검증할 때 유용하게 활용될 수 있다.

IMF 사태 당시, 기획부서에 같이 근무했던 후배 김 과장에 관한 이야기이다. 평소 일처리가 야무지고 성실했던 김 과장은 실력 못지않게 겸손함까지 겸비하고 있어서 같은 부서 사람들 모두가 좋아했다. 김 과장의 가장 큰 장점 중 하나는 자료를 꼼꼼하게 정리하여 테마 별로 분류해서 보관한다는 점이었다. 특정 이슈가 발생하면, 김 과장은 그동안 자신이 정리하고 보관한 바인더 자료집을 토대로 보고서를 작성하거나 그 자료집을 동료나 상사에게 제공하곤 했다. 그가 남들보다 탁월할 수 있었던 이유는 정리된 자료집에서 특정 패턴을 찾아내고 그것을 자신이 하고 싶은 일이나 자신의 미래와 관련된 일에 활용했기 때문이었다.

IMF 사태가 발생할 당시가 연말이어서 기획부서에서는 한창 경영실적을 집계하고 계획을 수립하고 있었다. 연간 경영계획에서 중요한 것이 환율이나 자금조달과 관련된 이자율 같은 것이었는데, 상황이 급박하게 돌아가다 보니 모든 것이 예측하기 어려웠다. 그러나 유일하게 김 과장만은 명확한 변화 방향에 대한 예측과 대응전략을 가지고 있었다. 경제연구소에서 발표한 예측자료보다 자신이 정리한 자료를 더 신뢰하는 것처럼 보였다. 외환위기에 따른 변화에 대한 김 과장의 예측은 당시 다른 사람들이 생각하는 것과 차이가 많았다. 그러나 그는 다른 사람들과의 의견 차이에도 불구하고 환율이나 금리변동에 관한 자신의 생각에 확신을 가지고 있었다. 김 과장의 이러한 자신감은 사례를 중심으로 자료를 정리하는 습관에서 비롯되었는데, 그는 항상 이론보다 실제 사례와 실천을 중요시했다.

그러던 그가 단순히 변화 예측에 머물지 않고 자신의 인생을 건 구체적인 계획을 행동에 옮기기 시작했다. 가장 먼저 그는 미국으로 이민을 떠난 형제자매들에게 50만 달러를 빌렸다. 당시 환율기준으로 10만 달러가 약 1억 6천만 원 정도였는데, 강남에 20평대 아파트 한 채를 살 수 있는 금액이었다. 그는 식구들에게 빌린 돈으로 부동산 경매나 자산관리공사 공매에 나온 아파트를 집중적으로 매수했다. 부동산을 매매하는 과정에서 발생한 여윳돈은 단기 채권에 투자를 했다. 무모할 정도로 과감하게 자신의 계획을 실행한 것이다.

그가 변화를 예상한 것은 달러 가격과 채권 금리가 폭등하고 나서 1~2년이 지나면 어느 정도 정상으로 돌아온다는 점이었다. 금리 폭등은 담보대출 부담으로 이어져 아파트 가격의 폭락을 부추길 것이 뻔한데, 이때가 부동산에 투자해야 할 절호의 기회라는 주장이었다. 그럴 듯한 말이었지만, 다른 사람들은 "정말 김 과장 말처럼 되겠어?" 하며 의심을 품는 경우가 더 많았다. 김 과장이 이렇게 주장한 근거는 우리나라보다 앞서 외환위기를 겪었던 영국, 핀란드, 스웨덴, 아르헨티나, 브라질, 멕시코 등의 사례를 리뷰하고, 그 중 멕시코를 한국과 비슷한 패턴이라고 파악했기 때문이다.

멕시코는 우리나라보다 약 3년 먼저 외환위기를 겪으면서 페소화의 가치가 폭락하고 채권금리가 서너 배나 폭등하는 일을 경험했다. 그 뒤, IMF의 구제금융 덕분에 약 2년 만에 경제적 안정을 되찾게 되었다. 여기서 제기할 수 있는 한 가지 의문점은 유럽과 남미의 여러 나라가 외환위기를 겪었는데, 왜 하필 멕시코 외환위기 사례를 한국과 동일한 패턴으로 인식했느냐 하는 점이다.

당시 김 과장은 멕시코가 대외 무역의존도나 국민총생산 규모가 우리나라와 비슷했고, 외환위기가 발생한 과정도 우리와 상당히 비슷했다고 파악했다. 김 과장의 논리적인 분석과 설명에도 불구하고 여전히 주위 사람들은 긴가민가했다. 그러나 얼마 지나지 않아 김 과장의 생각과 행동에 엄청난 보상이 주어지게 되었다. 폭등했던 채권금리는 하락했고 부동산 가격은 다시 제자리를 찾아갔다. 게다가 환율까지 하락하여 처음에 빌린 가치보다 30% 정도 싸게 원금을 상환할 수 있었다. 한마디로 한국의 IMF 사태를 멕시코의 '데자뷰'로 본 것이다.

가장 대표적인 데자뷰 패턴 사례 중 하나는 미국 링컨 대통령과 케네디 대통령의 암살범에 관한 것이다. 링컨 대통령의 암살범은 극장에서 총을 쏘고 창고에서 잡혔고 케네디 대통령의 암살범은 교과서 창고에서 총을 쏘고 극장에서 잡혔다는 점, 두 대통령 모두 금요일에 암살당한 점, 대통령에 당선된 해의 끝자리가 일치하는 점, 암살범들이 태어난 해의 끝자리가 일치하는 점, 두 명의 암살범들 모두 재판 없이 사살되었다는 점 등 20여 가지나 비슷한 패턴을 가지고 있다. 물론 대부분의 내용이 우연의 일치이긴 하지만 데자뷰를 설명할 수 있는 재미있는 사례라 하겠다.

데자뷰 패턴은 비슷하게 반복되는 것을 의미한다. 여기서 핵심은 데자뷰 패턴을 분석하고 패턴들끼리 연관시키는 과정에서 우리가 이미 경험하거나 알고 있는 것으로부터 새로운 현상과 대상에 대한 가설을 수립할 수 있다는 점이다. 많은 사람들이 가설지향적 사고의 중요성을 많이 강조하지만, 실제로 새로운 가설을 만드는 것은 쉽지 않은 일이다. 수립된 가설이 현실성이나 가능성 측면에서 의심스러울 때도 많이 있다. 이런 측면에서 볼 때, 비슷한 패턴들의 그룹인 데자뷰 패턴의 관계화는 쉽게 가설을 만들고 검증하는 좋은 방법이 될 수 있다.

요즘 한국경제에 대해 우려하는 목소리가 높다. 성장이 정체되고 중장년층의 일자리뿐만 아니라 청년들의 일자리도 줄어들고 있다. 이런 상황을 보면서 미래의 한국경제가 어떤 변화과정을 거치게 될 것인지 알아보기 위해 일본이 이미 경험한 내용을 살펴보는 경우가 많다. 이 역시 데자뷰 패턴을 활용하는 좋은 사례라 할 수 있을 것이다.

문화와 산업구조가 비슷한 일본에 나타났던 여러 유형의 패턴들을 토대로 한국경제의 미래에 대한 여러 가지 가설을 생각해 볼 수 있다. 일본이 이미 10년 전에 경험했던 저금리 현상, 부동산가격 하락, 엔화 가치의 상승, 제조업체의 경쟁력 하락, 청년 실업률의 급격한 증가, 재정적자의 심화, 경제의 마이너스 성장과 같은 역사적 사실을 활용하는 것이다. 이를 토대로 한국경제도 향후 10년 이상의 부동산가격 하락, 장기간의 경기침체, 철강이나 조선 등 제조업체의 경쟁력이 하락할 것이라는 가설을 수립할 수 있을 것이다. 만약 일본이라는 데자뷰 패턴이 없었다면 미래에 대한 이 같은 가설을 수립하기가 그리 간단치 않을 것이다. 더 나아가 일본에서 나타났던 사회, 경제, 문화현상을 좀 더 구체적으로 살펴보면 더 다양하고 생생한 가설들을 만들 수도 있을 것이다.

이런 이유 때문에 다양한 분야의 수많은 전문가들이 붕어빵과 같은 데자뷰 패턴을 찾기 위해 심혈을 기울이고 있다. 옛말에 '소도 비빌 언덕이 있어야 한다'는 말이 있듯이, 데자뷰 패턴이라는 언덕이 있으면 가설도 비교적 수월하게 수립할 수 있다.

최근 들어 중장년층들의 조기 은퇴가 늘어나면서 안정적으로 해나갈 수 있는 개인사업 아이템에 많은 관심을 보이고 있다. 기업의 성장이 정체되고 경쟁이 극심하다 보니 앞으로 중장년층의 개인사업에 대한 관심이 더 커질 것으로 보인다. 그런데 문제는 은퇴하고 나서 사업을 하는 사람들 대부분이 망한다는 점이다. 처음에는 조직에서 배운 경험과 지식을 바탕으로 뭔가 해보겠다는 자신감을 가지고 시작하지만, 대부분 1~2년 만에 회사나 가게 문을 닫고 만다.

　이러한 실패의 원인은 자신에게 대입할 성공의 데자뷰 패턴이 없기 때문이다. 그러다보니 사업 시작 전 준비단계에서 실패와 성공에 대한 가설을 세울 수도 없고 검증을 할 수도 없다. 부족한 준비는 실행과정의 시행착오로 이어지고, 아까운 돈과 시간을 날리는 안타까운 상황을 맞이하게 된다. 돈과 시간이 충분하다면 경험을 쌓으며 해나갈 수 있겠지만 그렇지 못한 것이 현실이다.

　예전 직장 선배 중에 유럽에서 오랫동안 주재원 생활을 하다가 한국으로 돌아와서 조기 은퇴하신 분이 계셨다. 이 분은 유럽에서 10년 넘게 직장생활을 하면서 취미로 바리스타 교육을 받은 적이 있었다. 원래 커피를 좋아했고 커피 만드는 일에 관심이 많았기 때문에 은퇴 후에 작은 커피전문점을 차릴 계획을 가지고 있었다. 그러나 장사 경험이 없었던 터라 자문을 구하기 위해 주위에서 커피전문점을 해본 사람들을 찾아봤지만, 대부분 장사에 실패한 사람들뿐이었다. 실패 경험도 도움이 될까 해서 경험자들에게 물어보았더니 커피전문점이 포화상태이기 때문에 성공하기 어렵다는 말만 들었다고 한다. 그러다가 마침 아는 사람 중에 작은 케이크 전문점을 성공적으로 운영하는 사람이 있어서 죽기 살기로 그 사람에게 매달려서 상권분석, 점포운영, 인테리어 등 세세한 정보를 얻었다고 한다. 아이템은 조금 달랐지만 선배가 원했던 커피전문점과 유사한 요식업이었기 때문에 성공패턴을 구체적으로 분석했다고 한다.

　선배로부터 이 이야기를 들으면서, 그가 사업 준비와 관련된 가설을 수립하기 위해 본능적으로 데자뷰 패턴을 찾았다는 생각이 들었다. 다른 사람들의 성공경험은 본인에게 좋은 간접경험이 될 수 있다. 그 간접경험을 자신의 상황에 맞게 관련짓고, 미래에 발생할 수 있는 여러 경우의 수를 구체적으로 생각해야 한다. 이것이 바로 가설을 수립하고 검증하는 과정인 것이다.

장사 경험이 전혀 없던 그 선배는 결국 성공적으로 커피전문점을 운영해냈다. 지금은 커피전문점을 비싼 가격에 매각하고 창업컨설팅 사업을 하고 있다. 원래 학교 선생님처럼 조용한 타입이던 선배에게 장사는 오래 할 직업이 아니었던 것 같다.

손자병법에 '승병선승 이후구전 勝兵先勝 而後求戰'이라는 말이 있다. 승리하는 군사는 먼저 승리를 확보한 후에야 비로소 전쟁을 시작한다는 의미이다. 이는 평소 가설수립을 습관화하면 충분히 체득할 수 있는 영역이다. 가설수립은 실패를 피하고 성공을 차지하기 위해 현실에서 발생할 수 있는 여러 가지 상황에 대비하는 것을 목적으로 한다. 그러나 현실적으로 여러 가지 경우를 미리 생각하고 가설을 수립하는 일은 무척 어려운 작업이다. 익숙하지 않거나 새로운 일인 경우에는 더더욱 그렇다. 이럴 때 활용할 수 있는 방법이 비슷한 패턴을 찾아서 자신이 하고자 하는 상황과 연계하여 가설을 수립하는 방법이다. 그것이 바로 데자뷰 패턴이다.

변화를 아는 사람이
규칙을 만들 수 있다

일본의 대표적인 편의점인 '세븐일레븐'을 운영하는 '이토요카'라는 회사가 있다. 이 회사의 스즈키 도시후미 사장은 이토요카가 작은 소매점에서 일본 최고의 편의점 체인이 되기까지 사업의 근간을 마련한 일등 공신이다. 그는 시장의 치열한 경쟁환경에서 살아남을 수 있는 방법은 '가설을 세우고 끊임없이 검증하는 것'과 '과거의 성공경험을 과감하게 버리는 것'이라고 강조하였다.

유통업은 매장의 상품구색을 고객의 요구와 맞추는 일이 매우 중요하다. 이를 위해서 상품기획 기능을 담당하는 엠디 MD, Merchandiser 를 두는데, 엠디의 주요 업무는 신상품을 배치하고 수량을 결정하는 일이다. 발렌타인데이나 화이트데이 같은 일정에 맞추어 상품을 개발하고, 시즌 별로 고객의 요구사항을 예측하여 필요한 상품을 각 점포에 배치하는 일을 맡는다. 엠디의 예측이 틀릴 경우, 재고비용과 회수비용을 고스란히 회사가 떠안게 되어 수익에 막대한 지장을 초래하게 된다.

엠디의 역할은 고객의 마음을 읽는 것이라고 해도 과언이 아니다. 이들은 고객 성향을 파악하기 위해 시스템 정보를 많이 활용한다. 유통업체에서 활용하는 시스템 정보는 일자별 상품별 주문 및 매출현황과 고객분포현황으로 구성된다. 그러나 도시후미 사장은 시스템에 의존하기보다 직원들이 창의적 사고를 발휘하여 가설을 수립하고 검증하는 일을 더 중요시했다. 그는 현장 직원들의 사고방식이나 행동이 한쪽으로 치우치거나 고착되는 일을 방지하기 위해 지금 잘 팔리는 제품보다는 앞으로 잘 팔릴 제품을 고민해야 한다고 말했다. 앞으로 잘 팔릴 제품은 시스템에서 제공하는 데이터나 정보가 아닌 사람의 가설지향적 사고과정에서 나온다는 것을 잘 알고 있었기 때문이다.

가설수립 능력의 차이는 현상을 보는 시각, 가치기준, 팩트 정보에 대한 태도 등에 따라 달라진다. 가설수립 능력이 탁월한 사람들의 공통적인 특징 중 하나는 현상을 볼 때, 그 현상을 초래한 원인, 현상을 구성하는 요소 등을 통합적으로 생각한다는 점이다.

가설지향적 사고를 하는 사람은 태도부터 다르다. 끊임없이 패턴들 간의 관계를 규명하려 애쓰고, 의미 있는 지점을 찾으려고 노력한다. 반복되는 일상에 길들여진 사람들 입장에서 보면 가설지향적 사고를 하는 사람들이 피곤해 보일 수도 있다. 그러나 시간이 지나고 보면 생각의 범위나 사고력에 월등한 차이가 나타나는 모습을 발견하게 된다. 다음은 가설수립 능력이 탁월한 사람의 태도를 보여주는 가상의 사례다.

어느 초여름 오후 5시경. 비가 시원하게 내리고 있었다. 창밖을 보던 김 팀장이 혼잣말을 한다.

"오늘 따라 비가 많이 오네."

평소 아무 생각이 없던 최 과장이 맞장구를 친다.

"그러게요. 비가 많이 오네요."

잠시 침묵이 흐른다. 그러자 한 쪽에서 길 대리가 말한다.

"일기예보를 보니 모레까지 비가 온답니다. 예상 강수량이 300밀리리터라고 하는데, 용인에 있는 물류창고가 3년 전처럼 침수될 가능성이 있습니다."

길 대리는 일상적인 현상을 그냥 지나치는 법이 없었다. 다들 까맣게 잊고 있던 3년 전 침수사고를 기억해서 비와 연결한 것이다. 길 대리의 가설지향적 사고가 돋보이는 순간이었다. 그러나 김 팀장은 별 다른 반응이 없었다. 길 대리가 다시 말을 이어간다.

"비도 오는데 퇴근길에 파전에 막걸리 한 잔 하는 게 어떨까요?"

그러자 김 팀장 얼굴에 화색이 돌았다.

"그래, 그거 좋은 생각이네. 다들 시간 되지?"

김 팀장의 마음을 읽는 것도 길 대리뿐이었다.

이 사례에서처럼 현상과 현상을 연결하고 그 과정을 관찰하면서 관계를 검증하는 것이 가설지향적 사고이다.

아직까지 예측은 순전히 사람의 영역이다. 컴퓨터에서 시뮬레이션 예측을 하지만 그 역시 사람이 예측 모델을 만들어 프로그래밍을 해 주어야 가능하다. 환경변화가 가속화됨에 따라 시장의 규칙도 빠르게 변하고 있다.

그러나 규칙의 변화는 누가 따로 알려주지 않는다. 스스로 찾아야 한다. 변화된 규칙을 모르면 백전백패다. 과거의 규칙에서 벗어나 가설지향적 사고로 미래 규칙을 예상하고 확인해야 한다. 규칙의 변화를 정확히 예상할 수 있는 사람만이 규칙을 만드는 룰 메이커 Rule Maker가 될 수 있다.

6

창의력의
모든
단계에서
발상법을
활용하라

발상법을 알아야
생각의 힘을 키울 수 있다

창의력 프로세스에 이어 지금부터는 생각하는 방법인 발상법Ideation에 대해서 소개하고자 한다. 결론부터 말하자면 발상법은 창의력 프로세스의 각 단계에서 활용할 수 있는 기법이다. 발상법은 창의력의 각 단계에서 필요한 아이디어를 만들고 사고력을 확대하는 데에 목적이 있다. 대표적인 발상법으로는 브레인스토밍, KJ법, NM법, 스캠퍼, 트리즈 등이 있다. 각각의 발상법을 살펴보기에 앞서 브레인스토밍, KJ법, NM법, 트리즈와 같은 발상법의 기초가 되는 연상법과 유추법부터 알아보도록 하자.

나폴레옹, 링컨, 처칠, 미국의 석유재벌 록펠러, 미국의 철강재벌 카네기 등과 같은 세계적인 인물들의 공통점은 무엇일까? 정답은 다른 사람들보다 기억력이 월등히 뛰어났다는 점이다. 이 중 특이한 인물은 영국의 수상이었던 처칠이다. 제2차 세계대전 당시 존 밀턴의 서사시 〈실락원〉의한 장을 완벽하게 암송하여 주위 사람들을 놀라게 한 유명한 일화가 있을 정도로 처칠의 기억력은 남달랐다. 그러나 처칠의 이 같이 뛰어난 기억력은 태어나면서부터 타고난 자질이 아니었다. 어린 시절의 처칠은 난독증으로 어려움을 겪었다고 한다. 난독증이란 일종의 학습장애로 문자를 독해하고 이해하는 능력이 현저하게 떨어지는 증상이다. 난독증으로 집중이 되지 않으니 기억력도 현저하게 나쁠 수밖에 없었다. 처칠은 초등학교 시절 유급을 하기도 했고 육군사관학교 입학시험에 떨어지기도 했다.

처칠이 이러한 학습장애를 극복하고 강력한 기억력을 소유할 수 있었던 건 사고훈련 덕분이었다. 처칠은 역사책 읽기를 무척 좋아했는데 특히 영국의 역사학자 에드워드 기번Edward Gibbon의 《로마제국 쇠망사》를 몇 번이고 탐독하면서 시대적 인물이나 사건들을 연결하여 이해했다고 한다. 처칠이 독서를 하면서 역사 속의 인물들을 상황과 사건에 연결해서 이해한 것은 매우 중요한 인식방법이었다. 일종의 연상법을 기억력에 활용한 것이다. 역사책을 읽으며 연상법을 자연스럽게 습관화 한 처칠은 그 덕분에 남들보다 뛰어난 기억력을 가질 수 있었다.

링컨도 이와 비슷했다. 링컨은 성경의 인물과 사건들을 스토리로 연결하는 연상법을 활용했다. 링컨이 어렸을 때, 링컨의 어머니는 성경을 옛날 이야기처럼 재미있게 읽어주었다. 링컨은 성경의 내용을 이야기 식으로 이해하고 인물과 인물, 인물과 사건을 연결하면서 자연스럽게 연상법을 터득했다고 한다. 그는 어려서 종종 성경의 한 부분을 완벽하게 외워서 주위 사람들을 놀라게 하기도 했다. 성경 구절을 인용하여 말하는 것을 무척이나 좋아했고 교회 친구들에게 목사 흉내를 내어 설교를 하기도 했다.

연상법과 아울러 생각해 볼 수 있는 것이 유추법이다. 일반적으로 천재들은 연상법과 비슷한 유추법을 잘 활용하는 것으로 알려져 있다. 2012년에 미국의 비영리단체인 '수퍼 스칼라Super Scholar'에서 세계적으로 가장 머리가 좋은 10인을 선정하여 발표한 적이 있다. 이때 세계 3위로 언급된 사람이 IQ 210의 김웅용 교수다.

김 교수는 태어날 때부터 신체적, 정신적 발달이 다른 아이들보다 빨랐다고 한다. 생후 100일이 되기 전에 걸어 다닐 수 있었고, 한 살이 되기 전에 말을 하기 시작해서 두 살이 되는 해에는 글자를 배워 일기를 쓰기 시작했다. 그런데 한 가지 재미있는 건 김웅용 교수의 할아버지가 김 교수에게 한자를 가르칠 때의 일화다. 김 교수의 할아버지가 선비 사士를 가르치면 어린이 김웅용은 비행기라고 말하고, 나무 목木을 가르치면 제비라고 말했다고 한다. 누가 가르쳐주지 않았지만 본능적으로 본인과 익숙한 사물을 연계해서 생각한 것이다.

이와 같이 생각하는 방법을 유추법이라고 한다. 유추법은 새로운 사실을 밝혀내기 위해서 이미 알고 있는 비슷한 패턴이나 관계구조를 이용하는 방법이다. 유추법은 법학, 사회학, 심리학, 교육학 등 다양한 학문분야에서 활용된다. 특히 교육학 분야에서 학생들의 사고능력 향상 및 학습

◆ **유추법을 활용한 한자 익히기**

방법 개발을 위해 중요한 도구로 활용하고 있다. 유추법은 게임 프로그램을 만드는 데에도 많이 활용된다. 윈도우 프로그램에 설치되어 있는 '지뢰찾기'나 모바일 게임으로 인기 있는 '스도쿠' 등은 유추법을 활용해 문제를 풀도록 되어 있는 대표적인 게임들이다.

발상법의 기본인 연상법과 유추법은 산업현장에서 활용하는 브레인스토밍법, KJ법, NM법, 스캠퍼, 트리즈 등의 근간이다. 그렇다면 창의력 프로세스와 발상법과는 어떤 관계가 있을까?

우리가 다루고자 하는 발상법인 브레인스토밍, KJ법, NM법, 스캠퍼, 트리즈 등은 창의력 프로세스의 각 단계마다 적용할 수 있는 아이디어 발상의 도구라 할 수 있다. 예를 들어 브레인스토밍의 경우, 관찰단계에서 관찰 방법, 대상, 수단, 시점 등에 대한 아이디어가 필요할 때 활용할 수 있다. 기호화 단계에서도 기호선택, 표현수단, 정보처리방법 등에 대한 아이디어가 필요한 경우에 브레인스토밍을 사용할 수 있다. 패턴단계, 관계화 단계에서도 브레인스토밍을 동일하게 활용할 수 있다. 이와 마찬가지로 KJ법, NM법, 스캠퍼, 트리즈 등을 어떻게 활용하느냐에 따라 창의력 프로세스의 단계별 성과가 다르게 나타난다.

현장에서 수없이 느꼈던 한계 중 하나는 많은 사람들이 부분적인 요소를 가지고 무리하게 전체를 설명하거나 이해하려고 한다는 점이다. 지금도 여전히 발상법의 본질을 제대로 이해하지 못하고 오용하는 사례를 주변에서 많이 찾아 볼 수 있다.

발상법들을 현장에서 활용하면서 나름대로 내린 결론이 있다. 브레인스토밍, KJ법, NM법, 스캠퍼, 트리즈의 본질만 파악하고 있으면, 기법을 오

용할 일도 없고 상황에 맞게 자유자재로 변형해서 활용할 수 있다는 점이
다. 그럼 지금부터 각각의 발상법들을 어떻게 활용할 수 있는지 살펴보도
록 하자.

브레인스토밍은
최고의 집단발상법이다

　　미국 역대 대통령 중에서 인기 있는 사람을 꼽으라면 케네디 대통령이 빠지지 않는다. 그의 인기는 냉전 이데올로기의 이념적 대립이 심했던 1960년대 초반에 절정을 이루었는데, 1962년 '쿠바 미사일 위기'를 넘기면서 미국은 물론 전 세계적으로 열렬한 지지를 받았다. 그런데 아이러니하게도 '쿠바 미사일 위기'를 만든 원인이 케네디 행정부에 있었으며, 그것이 바로 쿠바의 피그스만Bay of Pigs을 침공한 사실에서 비롯되었다.

　　1961년 4월에 쿠바 혁명정권 카스트로가 사회주의 국가를 선언하자 미국은 즉각적인 조치에 들어간다. 쿠바의 사회주의 국가선언이 있었던 다음날, 미국 중앙정보국은 쿠바 망명자 1,500명으로 구성된 '2506 공격 여단'을 창설해 쿠바에 침투시킨다. 이것이 피그스만 침공 사건이다. 그러나 침투계획에 대한 정보가 사전에 노출되었고, 예상했던 시나리오와 달리 현지에서 쿠바인들의 협조가 전혀 이루어지지 않았다. 결론적으로 이 작전은 대실패로 돌아갔다. 이 사건으로 백여 명의 쿠바인이 숨지고 천여 명이 체포되었다.

이 사건을 자세히 분석해 보면 초기 작전 준비단계에서부터 일이 꼬이기 시작하였다. 쿠바의 사회주의 정권을 전복시키기 위해 백악관에서 대통령 주재 사전회의가 개최되었다. 이때 회의에 참석한 사람들이 딘 러스크 국무장관, 로버트 맥나마라 국방장관, 맥조지 번디 안보보좌관, 앨런 덜레스 중앙정보국장 등이었다. 그런데 이들 모두가 케네디 대통령과 성장배경이 비슷했고 친한 사이였다. 말이 참모지 친구 같은 관계였다. 극비리에 진행된 이 회의에서 이들은 모든 것을 자신들에게 유리한 쪽으로 생각하고 침공 그 자체의 무모함에 대해서는 생각하지 못했다. 전략회의가 수차례 열렸지만 각 개인들은 다른 사람과 다르게 생각한다는 것에 대해 두려움을 가지고 있었다. 만약 다른 의견을 낼 경우, 비판을 받지 않을까 하는 우려 때문이었다. 게다가 친분 때문에 상대방을 이해하고 배려하려는 경향도 있었다.

이러한 현상은 집단 토의와 집단 의사결정 시에 자주 나타난다. 특히 권위적인 분위기가 강한 조직의 경우, 더욱 심하게 나타난다. 일반적으로 조직에서 나타나는 회의 분위기를 보면 최고 책임자의 생각과 의지에 따르려고 하는 경향이 강하다. 그래서 사람들은 최고 책임자의 생각에 역행하는 의견을 좀처럼 내려고 하지 않는다. 그러다 보니 뻔한 회의가 되기 일쑤다. 그러다가 어느 조직을 막론하고 의견교환이 활발하게 되는 시점이 있다. 회의가 끝나고 식사 메뉴와 식당을 정할 때다. 이때만큼은 서로의 의견을 존중하고 타인의 이야기를 경청한다. 정말 코미디 같은 일이다. 회의에 참석한 사람들이 '모든 것이 먹고 살자고 하는 일'이라는 목적을 명확히 인식하고 있는 것 같다.

조직의 시너지효과, 즉 상승효과는 집단토의 또는 집단적 의사결정을 얼마만큼 효과적으로 하느냐에 달려 있다. 이유는 개개인이 가지고 있는 아이디어와 의견들을 집약할 수 있어야 효과적인 대안수립이 가능하기 때문이다. 그리고 이러한 목적에 적합하게 활용할 수 있는 발상법이 바로 브레인스토밍 기법이다.

브레인스토밍은 어원적으로 '생각의 일시적 멈춤'과 '정신착란'이라는 의미를 담고 있다. 이 기법은 1940년대 미국 광고회사의 최고경영자인 알렉스 오스본에 의해서 개발되었다. 일정한 주제에 대하여 여러 사람들이 동시에 자유롭게 자기 생각을 제시하여 다양한 아이디어를 도출하기 위한 일종의 회의 방법이다. 이 기법은 집단에서 경쟁적으로 아이디어를 내면 개인이 내는 것보다 훨씬 많은 양의 아이디어가 도출된다는 것과 양이 질을 창출한다는 기본전제에서 출발한다.

브레인스토밍 기법은 실무적으로 문제원인분석, 대안도출, 의사결정 등 다양한 분야에서 활용할 수 있다. 케네디 대통령도 초기 백악관 회의 시 브레인스토밍 기법을 적극 활용했다면 피그스만 사건과 같은 참담한 실패를 경험하지 않았을 것이다.

통상적으로 브레인스토밍의 진행 방법은 크게 3가지이다. 진행자 선정 및 표현 방법에 따라서 프리휠링 Free Wheeling, 라운드로빈 Round Robin, 슬립메소드 Slip Method 등으로 구분한다. 물론 현장의 분위기나 참가자의 취향에

구분	프리휠링	라운드로빈	슬립메소드
진행방법	진행시간 규정 순서 없이 의견제시	진행자가 지정함 의견이 없으면 패스 전원 패스하면 종료	사전준비 메모지 작성
장점	자율적 분위기 다양한 의견제시	참여 유도 다양한 의견제시	참여 유도 준비되고 정제된 의견
단점	소수에 의해 진행 일부 의견 사장 우려	다소 강압적	분위기 상승효과 저하

따라서 진행방법에 다양한 변화를 줄 수 있다. 그럼 3가지 진행방법에 대하여 하나씩 살펴보도록 하자.

첫째, 가장 널리 활용하고 있는 브레인스토밍 방법인 프리휠링이다. 자유방임 상태로 실시하는 방식으로, 회의의 목적과 주제를 전달하고 나서 순서나 시간의 제한을 두지 않고 진행한다. 이 방식의 장점은 분위기가 자율적이며 의견이 다양하게 제시된다는 점이다. 단점은 적극적인 소수의 의견에 분위기가 치우칠 수 있다는 점이다. 참여를 강제하지 않기 때문에 일부 의견이 사장될 우려도 있다. 이 방식의 가장 큰 문제는 아이디어를 활발하게 교환하는 분위기를 만들기까지 시간이 걸린다는 점이다. 회의 초반의 썰렁한 분위기를 없애기 위해 분위기를 환기할 수 있는 다른 주제를 다루기도 하는데, 경우에 따라서 주제로 다시 돌아오기까지 시간이 한참 걸리기도 한다. 회의 도중에 아이디어 도출이 끊기면 무거운 침묵이 흐르기도 한다. 이 방식은 과제의 방향이 불명확하거나 주제에 대한 정보가 제한적일 때 활용할 수 있다. 창의력 프로세스에서는 관찰단계의 환경분석이나 관계검증의 가설수립 시에 상호간의 생각과 정보교환을 위해 활용할 수 있다.

둘째, 라운드로빈은 사회자가 일정한 규칙에 따라 진행하는 방식이다. 브레인스토밍을 진행하기에 앞서 사회자를 먼저 정한다. 사회자는 회의의 목적과 주제, 진행방식을 참가자들에게 미리 간단하게 언급한다. 그런 다음, 발표자를 무작위로 지정하여 아이디어를 발표하게 한다. 그러면 지정된 참가자가 자기 아이디어를 말하면 되는데, 만약 아이디어가 없으면 "패스"를 외친다. 그러면 사회자는 또 다른 발표자를 지정한다. 전원이 패스라고 말하면 회의가 종료되는 것이 일반적인데, 종료방식은 정하기 나름이다. 라운드로빈 방식은 사회자가 발표자를 지정하기 때문에 참여도를 높일 수 있다는 장점이 있다. 하지만 다소 분위기가 강압적이고 딱딱해질 수 있고, 그로 인해 아이디어 도출에 방해를 받을 수 있으므로 주의해야 한다. 이 방식은 해결과제에 대한 방향이 어느 정도 명확하고 관련 정보가 충분할 때 활용하면 좋다. 과제를 추진할 일정관리나 가설검증을 위한 아이디어 교환 시에 활용하면 좋다.

셋째, 슬립메소드는 서던캘리포니아 대학의 크로포드C. Crawford 교수가 고안한 것으로, 일종의 브레인 라이팅 Brain Writing 기법이다. 회의를 시작하기 전에 주제에 관한 아이디어를 각자 메모지에 적어 온 다음, 각 메모지를 돌려보면서 아이디어를 공유하고 이해한다. 아이디어를 공유한 뒤에는 해당 아이디어를 보고 생각나는 다른 아이디어를 메모지에 추가로 적는다. 그런 다음, 마지막으로 취합한 메모지를 한 장씩 확인하면서 집단토론을 진행한다. 이 방식의 장점은 준비과정에서 많은 참여를 유도할 수 있으며 정제된 의견을 모을 수 있다는 점이다. 약점은 사전준비 때문에 참가자들이 큰 부담을 느낄 수 있다는 점이다. 사전준비 문제 때문에 회의 분위기를 망치는 경우도 종종 있으니 주의하여 진행해야 한다. 이 방식은 정보가 풍부하고 참가자들 간에 공유가 잘되어 있을 때 활용하면 좋다.

이상의 세 가지 방식 중 어느 방식을 택하더라도 반드시 지켜야 할 4가지 원칙이 있다. 이 원칙은 알렉스 오스본이 브레인스토밍 기법을 소개하고 나서 10년 동안 현장검증을 하며 정립한 것으로, 브레인스토밍의 절대조건으로 통한다.

첫 번째 원칙은 '비판금지'다. 브레인스토밍을 하다가 다른 사람의 의견을 비판해서는 안 된다. 사람들은 본능적으로 자기 생각과 다르면 부정적인 태도를 취한다. 그렇다 보니 다른 사람의 아이디어에서 장점보다 단점부터 발견하기 마련이다. 의견을 낸 사람이 다른 동료로부터 비판을 받으면 서로 팽팽하게 맞서서 말다툼을 하기 쉽다. 항상 느끼는 것이지만, 일단 감정이 상하면 이성적인 판단은 물 건너 가버린다. 따라서 상대방의 의견을 존중하고 감정싸움이 되지 않도록 비판을 금지해야 한다.

두 번째 원칙은 '자유분방'이다. 여러 사람과 의견을 교환하다 보면 '내 의견을 다른 사람들이 어떻게 생각할까?' 하는 염려가 싹튼다. 때로는 서로 갈등이 생기거나 자신의 단점이 드러날까 봐 조심을 하기도 한다. 그러다 보면 의견교환이 뜸해지고 서로 겉치레 하는 말만 오가는 상황이 연출된다. 자유분방한 분위기를 연출해야 하는 이유는, 다양한 관점과 생각을 확보하기 위해서다. 현상을 바라보는 시각은 사람마다 제각각이기 때문에 이를 수용하고 활용하기 위해 자유분방한 분위기를 만들어야 한다.

세 번째 원칙은 '편승환영'이다. 타인이 내놓은 아이디어에 연결해서 개선된 아이디어를 내놓는 것을 높게 평가한다는 뜻이다. 모든 창의적인 발명품들은 선행 연구를 따라가다가 탄생한 것들이다. 우리가 흔히 천재라고 부르는 사람들의 업적들도 자세히 들여다보면 모방을 거쳐서 나온 것들이다. 이러한 원리를 남보다 일찍 터득한 천재가 바로 에디슨이다. 그는 백열전구를 발명하고 특허신청서를 내면서 "나는 나 이전의 마지막 사람이 멈추고 남겨 놓은 것으로부터 출발한다."라는 글을 집어넣기도 했다.

네 번째 원칙은 '질보다 양'이다. 카를 마르크스는 《자본론》에서 '양이 질을 창조한다'고 언급했다. 브레인스토밍도 마찬가지다. 좋은 의견인지 아닌지 따지지 말고 많은 의견을 내도록 하는 게 중요하다. 에디슨의 특허기록은 약 1,100 가지인데, 이를 만들기 위해 아이디어를 기록하고 정리한 노트가 3,000~4,000권이나 된다고 한다. 일단은 많이 만들어야 한다. 없애는 것은 쉬워도 만들기는 어렵다.

다양한 부류의 직장인들을 대상으로 강의를 하면서 공통적으로 느끼는 점이 있다. 많은 사람들이 브레인스토밍을 알고 있지만 활용 수준은 대단히 낮다는 사실이다. 사람들 간의 소통을 원활히 하고 아이디어의 시너지를 얻는 방법으로 브레인스토밍만한 것도 없다. 문제는 활용이다. 활용수준이 낮은 이유는 지금까지 언급한 간단한 원리들을 적용하지 못하기 때문이다.

회의會議라는 말만 들어도 회의감懷疑感이 든다는 말들을 한다. 그러나 브레인스토밍은 하면 할수록 좋다. 동료들 간에 터놓고 소통할 수 있는 기회가 생겨서 좋고, 아이디어의 시너지가 만들어져서 더 좋다. 브레인스토밍은 '불필요한 회의'가 아니라 '창의적으로 일하는 방법'이라고 인식하기 바란다.

문제의 원인을 찾고 싶다면
KJ법을 활용하라

예전에 혈액형에 따른 기질이나 성격에 관심을 가진 일이 있었는데, 그때 재미있는 사실 하나를 알게 되었다. 혈액의 타입을 나타내는 ABO 분류에서 O형은 알파벳 O가 아니라 아라비아 숫자 0을 의미한다는 점이다. 이유는 A형이나 B형과 달리 항원항체 반응을 일으키지 않기 때문이라고 한다. 그래서 변화가 없는 혈액형이라는 뜻으로 아라비아 숫자 0을 사용한 것이 나중에 알파벳 O로 바뀌게 된 것이다.

1900년대 초반까지만 해도 혈액형 구분은 미스터리 그 자체였다. 인류 역사에서 수술을 최초로 실시한 것은 기원전 18세기로 추정되고 있다. 그리고 수술 과정에서 수혈을 시도하기 시작한 것은 17세기경부터다. 수술 도중 수혈을 하다가 환자가 죽는 경우가 가끔씩 발생했는데, 당시에는 그 원인을 파악하지 못했다. 마침내 1900년대 초반에 오스트리아 출신 의사이자 병리학자인 카를 란트슈타이너Karl Landsteiner에 의해 수혈 중 발생하는 사망에 대한 원인이 규명되었다. 수혈과정에서 환자가 사망하는 것은 혈액의 응고현상 때문이며, 이는 서로 다른 혈액형 때문에 발생한다는 사실을 처음으로 밝혀낸 것이다.

란트슈타이너의 위대한 업적은 혈액을 체계적으로 분류했기 때문에 가능할 수 있었다. 그는 실험관에 혈액을 침전시켜 적혈구·백혈구·혈청으로 구분한 다음, 각 성분 별로 반응을 일으켜 응고현상을 관찰하였다. 실험과정에서 액체가 고체로 변하는 응집반응은 적혈구와 혈청 사이에서만 일어난다는 사실과 적혈구에 따라 혈액형이 결정된다는 사실을 발견하게 되었다. 란트슈타이너는 여러 사람의 혈액을 반응시키는 최종 실험에서, 적혈구에 따라 세 가지의 서로 다른 혈액응집이 생긴다고 결론을 내리고 ABO 방식으로 혈액형을 분류하였다.

혈액형 분류는 수혈과정에 생기는 사망이나 쇼크와 같은 문제를 해결한 것은 물론이고 의학에 있어서 획기적인 기술 발전의 토대를 마련하였다. 이러한 공로로 란트슈타이너는 1930년에 노벨 의학생리학상을 수상하게 된다. 어찌 보면 너무 간단하게 노벨상을 받은 사례 중 하나일 것이다. 혈액을 침전시켜서 적혈구·백혈구·혈청으로 나눈 다음, 응고실험을 거쳐 ABO 방식으로 분류만 했을 뿐이다. 그러나 그의 연구과정은 간단하지 않았다. 10여 년간 3,000여 구의 시신을 부검하는 과정에서 혈액의 응고 패턴을 발견했다고 한다.

분류는 매우 중요한 사고활동이다. 내가 사회생활을 하면서 경험한 바로는 분류만 잘해도 능력이 있다는 평가를 들을 수 있다. 현장 실무자들의

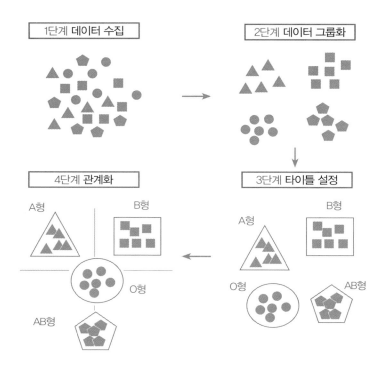

공통된 고민 중 하나는 수많은 데이터와 정보를 어떻게 정리하느냐는 것이다. 알고 있는 내용을 단순히 정리하면 될 것 같은데, 막상 해보면 잘 되지 않는다. 이럴 때 사용할 수 있는 방법이 바로 KJ법이다. 이 방법은 다양한 데이터를 대량으로 수집하여 분류할 때 사용하기 편리한 정리법이다. 일본의 역사학자이자 인류학자인 카와기타 지로Kawakita Jiro에 의해 개발되었으며 그의 이름을 따라서 KJ법이라고 부른다.

　KJ법의 절차는 크게 수집단계, 그룹화 단계, 그룹별 명칭을 부여 단계,

관계를 규명하는 단계로 구분할 수 있다. 창의력 4단계 중 환경분석이나 패턴 단계에서 트렌드를 분석할 때 사용할 수 있는 방법이기도 하다. 그럼 지금부터 '에너지 회사'라는 가상의 회사를 이용해 각각의 세부 절차를 알아보도록 하자.

첫 번째는 이슈를 정하고 데이터를 수집하는 단계다. 이슈는 사회나 특정 조직에서 쟁점이 되는 주제를 말한다. 이슈를 정하는 이유는 데이터를 모으고 분류하는 방향을 설정하기 위해서다.

원유, 천연가스, 석탄 등 자원에너지 개발을 주요 사업으로 하는 '에너지 회사'는 미래의 핵심과제를 도출하기 위한 프로젝트를 시작했다. 이를 위해 전 직원들을 대상으로 '21세기 글로벌 에너지 회사'라는 이슈를 중심으로 의견조사를 실시하였고, 아래와 같은 16가지 공통된 제안사항들을 접수하였다.

◆ 이슈 정의 및 데이터 수집

대립적 노사관계 개선	투명경영을 통한 기업 이미지 개선
해외 자원개발 참여	천연가스 수요확대에 적극적 대응
생산체계의 효율화	공장의 안전관리 강화
생산 외 기타 시설 운영 개선	인사평가의 기준 및 공정성 마련
무연탄 채굴 자동화 설비 개발	고객만족도 제고
신재생 에너지 개발사업 참여	합리적 보상 및 인센티브 제도 개선
회계관리시스템 개선	기업의 사회적 책임 요구 강화
인력의 적재적소 배치	차세대 생산시스템 도입 필요

◆ **수집한 데이터의 그룹화**

구분	단기과제	장기과제
외부적 관계	A그룹 기업의 사회적 책임 요구 강화 고객만족도 제고 투명경영을 통한 이미지 개선	B그룹 해외 자원개발 참여 신재생 에너지 개발 참여 천연가스 수요확대에 적극적 대응
내부적 관계	C 그룹 대립적 노사관계 개선 인력의 적재적소 배치 인사평가 기준 및 공정성 마련 합리적 보상 및 인센티브 제도 개선 회계관리시스템 개선 공장의 안전관리 강화	D 그룹 무연탄 채굴 자동화 설비 개발 생산체계의 효율화 차세대 생산시스템 도입 필요 생산 외 기타 시설 운영 개선

두 번째는 데이터를 그룹화하는 단계다. 그룹화하기 위해서는 기준과 원칙을 먼저 정할 필요가 있다. 그러나 초기단계에는 기준을 아주 엄격하게 정하기보다 다소 느슨하게 대략적인 기준으로 정한다. TPO 방식으로 시간·공간·상황으로 나눌 수도 있다. 그럴 경우, 시간은 장기와 단기, 공간은 전체와 부분, 상황은 개인과 조직 또는 일시적 현상과 장기적 현상 등으로 기준을 마련할 수 있다. 이때 분류하기가 어려운 것들에 대해서는 특별히 의미를 두지 말고 다수결 원칙에 따라 그룹화 하면 된다. 에너지 회사의 경우, 시간은 단기과제와 장기과제로 분류했고 공간과 상황은 내부적 관계와 외부적 관계의 이슈로 분류기준을 정했다. 그 결과 최종적으로 4개 그룹으로 전략적 과제의 방향이 설정되었다.

◆ 타이틀 설정

그룹	타이틀 설정	핵심 개념/기준
A 그룹	PR 개선 및 사회적 책임 강화	고객
B 그룹	그린에너지를 중심으로 한 성장 동력 확충	기술
C 그룹	기업문화 및 관리시스템 혁신	인재
D 그룹	내수시장 에너지 기술의 경쟁력 강화	기술

세 번째는 각 그룹별 타이틀을 붙이는 단계다. 그룹별로 특이성이나 일반성을 감안하여 대표성이 있는 단어를 선택해 타이틀을 정한다. 복수의 타이틀 중에 선택이 곤란한 경우에는 하나를 주제 타이틀로 정하고 나머지를 부제 타이틀로 달아도 좋다. 타이틀이 잘 생각나지 않으면 같은 그룹으로 정리된 데이터의 내용을 참조해도 좋다. A그룹의 과제는 단기과제이면서도 외부와의 협력이 중요시 되는 핵심과제인데, 그 이유는 에너지 회사가 공기업의 성격이 강했기 때문이다. 원래 설립의 목적도 공공성이 우선이었기 때문에, 사회적 책임을 핵심으로 하는 타이틀을 정하였다. B그룹은 글로벌 시장 진출이라는 비전과 미래 성장성을 강조하는 의미에서 성장 동력 확충에 초점을 맞추었다. C그룹과 D그룹은 조직역량과 내수시장 경쟁력을 강화하는 데에 초점을 맞추었다. 그 결과 '기업문화 및 관리시스템 혁신'과 '내수시장 에너지 기술의 경쟁력 강화'와 같은 타이틀이 결정되었다.

네 번째는 관계화하는 단계다. 각 그룹들 간의 관계를 인과관계, 계층관계, 모순관계 등의 개념을 동원하여 연관성 있는 그룹들끼리 인접하게 배치하고, 모순적인 것들은 반대로 이동시킨다.

에너지 회사의 경우 4개의 그룹을 관계화하여 고객, 인재, 기술이라는 개념을 도출했다. A그룹의 내용을 토대로 고객이라는 개념이 나왔고, C그룹을 통해 인재라는 개념이 나왔으며, B그룹과 D그룹에서 기술이라는 개념이 나왔다. 이 3가지 핵심 개념은 상호 중복도 누락도 없는 논리적 계층관계이며, 이를 토대로 '21세기 글로벌 에너지 회사'라는 장기적인 비전을 달성하기 위한 구체적인 세부사항들을 정리할 수 있었다.

한 분야의 일을 오래하다 보면 자기 스스로 많은 것을 알고 있다고 착각하기 쉽다. 그러다 보면 다른 것에 관심을 갖지 않고 늘 하던 대로 생각하고 행동하다가 일의 본질을 잊어버리는 경우가 자주 있다. 본질의 철학적의미는 '다른 사물과 달리 그 사물에만 존재하는 고유한 특성'이다. 어떤일의 본질은 그 일과 관련한 여러 이슈들의 상호관계를 살피는 과정에서도출할 수 있다. 여러 이슈들의 관계가 불명확하면 우선순위도 정할 수 없고 주먹구구식으로 일을 처리하게 된다. 여러 현장에서 KJ법을 문제의 원인을 찾거나 분류하는 방법으로 활용하고 있는데, 문제의 원인을 찾는 것뿐만 아니라 기업의 전략이나 핵심과제를 정하고 나아갈 방향을 모색하는발상법으로도 활용할 수 있다는 점을 꼭 기억하기 바란다.

익숙하지 않은 문제는
NM법으로 해결하라

"첫째 날은 사랑하는 이의 얼굴을 보겠다. 둘째 날은 밤이 아침으로 바뀌는 기적을 보리라. 그리고 셋째 날에는 사람들이 오가는 평범한 거리를 보고 싶다."

미국의 여성 사회운동가 헬렌 켈러Helen Adams Keller가 수필집《사흘만 세상을 볼 수 있다면Three days to see》에서 한 말이다. 헬렌 켈러는 생후 19개월 즈음에 앓은 뇌수막염으로 인해 보지도 듣지도 말하지도 못하는 세 가지 장애를 동시에 갖게 된다. 말도 글도 배울 수 없는 상태였던 셈이다. 그녀는 불행 중 다행으로 여섯 살 되던 무렵에 설리번이라는 가정교사를 만나게 된다. 설리번의 헌신적인 노력 덕분에 그녀에게 기적과 같은 변화가 일어나기 시작했다. 수화와 점자를 배웠고, 상대방의 말을 인식하는 방법을 알게 되었으며, 말하는 법까지도 터득하게 되었다.

그녀는 열여섯 살에 래드클리프 대학에 입학하고 25살에 졸업을 했는데, 졸업할 무렵에는 무려 다섯 가지 외국어를 습득했다고 한다. 프랑스어, 독일어, 라틴어 등을 손가락과 손바닥의 촉감으로 배운 것이다. 말년에는 일본어까지 공부했다고 하니 감탄사가 절로 나온다. 멀쩡한 사람도 제대로 배우기 힘든 외국어를 보지도 듣지도 말하지도 못하는 사람이 그것도 다섯 가지나 구사할 수 있었다는 사실이 놀랍기만 하다. 인생을 어떻게 살아야 하는지를 다시 한 번 생각하게 만드는 이야기가 아닐 수 없다.

정상인은 귀로 소리를 들으며 언어정보를 인식하고 수집할 수 있다. 그러나 헬렌 켈러처럼 소리를 들을 수 없는 경우에는 어떻게 언어정보를 인식하고 수집해야 할 것인가? 답은 유추식 접근방법에 있다. 헬렌 켈러는 점자와 수화로 익힌 알파벳, 손바닥으로 느끼는 목청의 울림 등을 조합하여 언어정보를 수집했다. 손바닥의 촉감으로 목소리의 진동과 입 모양을 느끼면서 사람의 말소리도 인식하였다. 청각적인 정보를 촉각으로 전환하는 일종의 유추적인 사고방법을 활용한 것이다. 헬렌 켈러의 자서전에는 다음과 같은 대목이 나온다.

"나의 손은 다른 사람들의 눈이나 귀와 같다. 우리는 같은 책을 읽고 같은 언어로 말하지만 경험만큼은 다르다. 나는 손으로 관찰한다. 나는 느낀다. 그리고 상상한다. 나는 셀 수 없을 만큼 다양한 인상과 경험과 개념을 결합한다. 이러한 재료들을 가지고 내 머릿속에서 하나의 이미지를 만들어낸다. 세계의 안과 밖 사이에는 영원히 마르지 않는, 닮은 것들로 가득한 바다가 있다. 내가 손에 들고 있는 꽃의 신선함은 내가 맛본 갓 딴 사과의 신선함과 닮았다. 나는 이러한 유사성을 이용해서 색에 대한 개념을 확장한다. 내가 표면과 떨림과 맛과 냄새들의 특질에서 이끌어낸 유사성은 보고 듣고 만져서 찾아낸 유사성과 같은 것이다. 이 사실이 나를 견디게 했고 눈과 손 사이에 놓인 간극에 다리를 놓아주었다."

한마디로 유추법을 활용해 인식의 한계를 뛰어넘은 것이다. 유추법은 새로운 사실을 밝혀내기 위해서 이미 알고 있는 비슷한 패턴이나 관계구조를 이용하는 방법이다. 유추라는 단어는 원래 철학용어로 유비추론類比推論의 준말이다. 철학에서는 유추를 '두 개의 사물이 여러 면에서 비슷하다는 것을 근거로 다른 속성도 유사할 것이라고 예상하는 것'이라고 정의하고 있다.

유추법을 효과적으로 활용할 수 있는 기법이 몇 가지 있다. 그 중에서도 현업에서 실용적이고 효과적으로 활용할 수 있는 방법이 NM법이다. NM법은 일본의 경영컨설턴트인 나카야마 마사카즈Nakayama Masakazu가 만든 것으로 창시자의 이름을 따서 명명한 것이다. 나카야마 마사카즈는 "창의력이 뛰어난 사람의 비밀은 유추적인 사고방식에 있으며 이를 분석해서 NM법을 만들었다."고 말했다.

NM법은 유추적인 사고과정의 순서를 명확하게 규정하고 있으며, 추상적인 사고를 실제 활용 가능한 수준으로 만들기 위한 구체적인 절차를 제시하고 있다. 나 역시 이 기법을 실무에 활용하면서 많은 도움을 받았는데, 내가 맡은 일이 대부분 기획업무와 인사업무였기 때문에 모든 업무에 완벽하게 적용된다고 말하기는 어렵지만, 상당히 강력한 기법이라는 점만은 틀림없다.

NM법은 문제의 핵심을 파악하기 어렵거나 익숙하지 않은 문제가 발생

◆ NM법 프로세스

구분	세부진행
문제정의	주어부와 서술부가 포함된 완성된 문장으로 표현
키워드 추출	문제정의 부분에서 핵심 단어를 열거
유추발상	키워드에서 연상되는 것들을 열거
배경탐색	유추한 단어들 속에 함축되어 있는 의미를 풀어냄
컨셉창출	문제점, 개선방법 등을 종합하여 결론을 내림

했을 때 활용하면 좋다. 한마디로 문제의 실마리가 보이지 않을 때 사용할 수 있는 대단히 유익한 사고법이다. NM법을 습득하는 최선의 방법은 실행이다. 현업에 접목하기 위해 노력하고 시행착오를 서너 번 거치다 보면 느낌이 확 올 것이다. 그럼 지금부터 사례분석을 통해 NM법에 대해 구체적으로 알아보도록 하자. NM법은 문제정의, 키워드 추출, 유추발상, 배경탐색, 컨셉창출로 이어지는 5단계로 구분된다.

첫 번째는 문제를 정의하는 단계다. 브레인스토밍이나 KJ법과 마찬가지로 NM법도 문제와 과제에 대한 개념을 정의하는 것으로부터 시작한다. 아이디어 도출의 방향을 설정하고 이슈를 명확하게 하기 위해서다. 그래야 데이터를 수집하고 정리하기 위해 불필요한 시간이나 자원을 낭비하지 않을 수 있다. 주의할 점은 문제를 정의할 때 반드시 주어부와 술어부를 구분해야 한다는 점이다. 예를 들어 진공청소기를 주요 이슈로 삼아 문제를 정의한다고 치자. 문제를 정의하라고 하면 대부분 주어부를 빼고 '진공청소기의 디자인 개선' '진공청소기의 기능개선' 등으로 정의하는 경우가 많은데, 그러면 해결주체의 여건이나 특성을 감안하지 않고 아이디어를 내게 되어 현실성이 떨어질 수 있다. 따라서 '매출 제고를 위해 기술개발팀이 진공청소기의 기능을 개선한다'는 식으로 주어부가 분명히 드러나도록 정의를 내려야 한다.

조직에서 자주 이슈가 되는 소통과 회의문화에 대한 주제를 다뤄보도록 하자. 불필요한 회의에 대한 개선책 마련은 어느 조직에서나 자주 등장하는 주제다. 이 문제를 해결하기 위해 NM법을 적용한다면 첫 단계인 문제정의를 다음과 같이 할 수 있다.

부서장이 소모적 회의를 줄이고 회의의 생산성을 높인다

두 번째는 키워드를 추출하는 단계이다. NM법의 5단계 중 가장 쉬운 단계라고 할 수 있다. 문제정의 부분에서 핵심이 되는 단어를 찾아서 나열만 하면 된다. 문제정의의 키워드는 부서장, 소모적, 회의, 생산성, 향상 등 5가지를 들 수 있다. 문제를 정의한 문장에서 찾는 것 외에는 생각할 필요가 없다. 단, 여기서 주의할 점은 키워드를 품사별로 구분해야 한다는 점이다. 형용사와 명사, 용언과 체언을 각각 분리하여 키워드를 추출한다. '소모적 회의'가 키워드가 아니라 '소모적' '회의' 등 각각의 품사가 키워드가 된다는 뜻이다.

부서장, 소모적, 회의, 생산성, 향상

◆ 유추발상

키워드	유추단어
부서장	상머슴, 관리자, 면피, 즉흥적 등
소모적	시간소모, 공간 차지, 참석자 범위, 참여도 등
회의	주제, 테마, 대화, 영어, 전문용어, 참여도, 대상자 등
생산성	만족도, 시간단축, 공간최소화, 범위축소, 결과이행, 평가 등
향상	올린다, 줄인다, 제거한다, 대체한다 등

세 번째는 유추발상 단계다. 이 단계는 브레인스토밍의 4가지 원칙(비판금지, 자율성, 편승환영, 질보다 양)에 입각해서 진행한다. 추출된 키워드로부터 떠오르는 이미지, 비슷한 현상, 느낌 등에서 유추된 단어들을 나열하는 단계다. 여기서 중요한 것은 느낌이다. 느낌이 오는 단어들이 많으면 많을수록 좋다. 부서장이라는 키워드에서는 상머슴, 관리자, 면피, 즉흥적이라는 단어들이 유추되었다. 부서원들이 회의진행과 관련하여 부서장에게 불만이 있음을 엿볼 수 있는 대목이다. 유추발상은 이런 식으로 각 키워드를 보고 생각나거나 느낌이 오는 대로 표현할 수 있는 단어들을 열거하는 것이다. 이 단계에서는 각 키워드 별로 10~20개 정도의 유추단어를 도출하는 것이 좋다. 유추단어의 양은 상황에 따라 다르게 정할 수 있는데, 내 경험으로는 10~20개 정도가 가장 적당했다.

네 번째는 배경탐색 단계다. 이 단계는 느낌으로 유추한 단어들 속에 함축되어 있는 의미를 푸는 과정이다. 이 때, 유추단어의 목적이나 특성, 관

유추단어	배경탐색
상머슴, 관리자, 면피, 즉흥적 등	1-1. 회의 목적과 주제가 구체화되지 않은 상태에서 회의 소집 1-2. 회의 자체가 목적이고 방향성이 없다 1-3. 회의를 통해서 다수에게 책임을 전가하려고 한다
시간소모, 공간 차지, 참석자 범위, 참여도 등	2-1. 회의 주제에 따른 시간통제가 되지 않고 대부분 늘어진다 2-2. 주제와 관련된 부서원이 없거나 관련 없는 부서원이 참여한다 2-3. 회의로 인해 행사 공간 부족현상이 나타난다
주제, 테마, 대화, 영어, 전문용어, 참여도, 대상자 등	3-1. 준비부족으로 안건과 주제가 불명확하다 3-2. 전문용어를 자의적으로 활용하기 때문에 이해하기 힘들다 3-3. 외국인 참석 시 의사소통의 한계가 발생한다
만족도, 시간단축, 공간최소화, 범위축소, 결과이행, 평가 등	4-1. 회의 참여의 목적의식이 부족하다. 4-2. 시간제한이 필요하고 인터넷 화상 회의를 활용할 필요가 있다 4-3. 대부분의 회의가 따분하고 지루하다 4-4. 주최자가 참가자 대상에 대한 약식 만족도 평가가 필요하다 4-5. 회의결과 피드백이 전혀 없다 4-6. 회의 참여 및 활동에 대한 기여도 평가가 없다
올린다, 줄인다, 제거한다, 대체한다 등	5-1. 참석자의 회의 참여도를 올려야 한다 5-2. 회의 주제의 구체성을 올려야 한다 5-3. 회의 결과가 실행되도록 해야 한다 5-4. 회의 사회자가 불필요한 발언을 줄인다 5-5. 가급적 참석자의 범위를 줄인다 5-6. 회의 주제의 범위를 줄인다 5-7. 중복되는 요소를 제거한다 5-8. 주기적 회의로 대체한다 5-9. 원격지 근무자들의 회의 참가 불편을 제거한다 5-10. 이메일로 대체한다 5-11. 메신저로 대체한다

련 요소 등을 생각하면서 분석하는 것이 중요하다. 경우에 따라서는 유추단어를 제안한 사람이 단어의 의미를 설명해야 할 때도 있다. 예를 들어 '소모적'이라는 키워드에 함축되어 있는 의미로 '시간소모' '공간 차지' '참석자 범위' '참여도' 등이 도출되었다면, 여기서 유추단어의 독립된 의미보다는 유추단어가 의미하는 실제 의미를 찾아야 한다. 즉 '시간소모' '공간 차지' '참석자 범위' '참여도'와 같은 유추발상 단어의 실제 의미인 '시간 통제가 안 된다' '관련 없는 부서원이 참석한다' '회의실 사용으로 인해 업무 공간이 부족하다' 등을 찾아야 한다. 이와 같이 배경탐색 단계는 앞서 추상적으로 도출된 유추단어의 구체적이고 현실적인 의미를 찾는 단계다. 이 과정에서 문제의 원인이나 해결방법에 대한 아이디어가 도출되기도 하는데, 그런 이유로 배경탐색 단계를 NM법의 핵심단계라고도 말한다.

다섯 번째는 컨셉창출 단계다. 이 단계에서는 배경탐색에서 도출한 문제점과 개선방법 등을 종합적으로 재구성하여 최종 결론을 내린다. 이 때, 결론 내용이 처음에 정한 이슈에서 벗어나지 않도록 키워드 추출 단계부터 배경탐색 단계까지의 내용을 재확인하는 것이 중요하다. 컨셉창출 단계는 포괄적인 개념을 정하고 현실에 적용 가능한 아이디어를 만드는 과정이라고 볼 수 있다. 배경탐색 단계에서 도출한 '회의의 목적 및 책임의 명확화' '사전준비' '시간설정' '피드백' 등과 같은 제안내용은 회의와 관련된 규정과 절차를 만드는 것과 관계가 있다. 그밖에 '화상회의' '이메일' '메신저' 등의 내용은 매체를 활용하는 운영적인 측면과 관계가 있다. 결국 '제도수립'과 '운영개선'으로 문제해결의 실마리를 찾을 수 있다고 볼 수 있다. 이를 토대로 제도수립의 컨셉은 '회의 절차 및 운영에 대한 가이드라

◆ 컨셉창출

컨셉창출	세부내용
제도수립 회의 절차 및 운영에 대한 가이드라인을 제시하여 참석자, 주제 등에 대해 중복과 누락이 없도록 한다	- 주기적 회의의 기능과 범위를 정의한다 - 안건에 따라서 이메일, 메신저 활용 범위를 정한다 - 회의 사전통보 및 사전자료를 배포한다 - 회의록 작성 및 참석자 확인 - 제안 및 아이디어 최초 제시자 이력관리 등 - 회의결과에 대한 공유 및 이행사항 점검 등
운영개선 인터넷을 활용한 화상회의 및 컨퍼런스콜을 활성화한다	- 지역별 본부장 또는 부서장 회의 - 사내 인트라넷 화상 채팅 프로그램 도입

인을 제시하여 참석자, 주제 등에 대해 중복과 누락이 없도록 한다'로 잡았고, 운영개선의 컨셉은 '인터넷을 활용한 화상회의 및 컨퍼런스 콜을 활성화한다'로 정하게 되었다. 이후 작업은 각 컨셉에 맞게 세부 내용을 도출하면 되는데, 배경탐색 단계에서 정리한 내용을 재활용하면 되기 때문에 쉽게 아이디어를 낼 수 있다.

처음에는 '부서장이 소모적 회의를 줄이고 회의의 생산성을 높인다'라는 간단한 문제정의에서 시작했다. 그러나 NM법의 몇 가지 단계를 거치며 상당히 많은 이슈가 도출되었고, 문제의 원인이나 해결방향까지 확인할 수 있었다. 이것이 바로 유추적 사고의 힘이다.

아직까지는 국내에서 NM법을 정확히 이해하고 적극적으로 활용하는 조직이 많지 않다. 이 기법을 정확히 이해하고 활용할 수 있는 전문가가 많지 않기 때문이 아닐까 싶다. 그렇지만 이 기법이 누구에게 배워야만 알 수 있는 복잡한 기법은 아니다. 중요한 것은 실행이고 경험이다. NM법을 잘 활용하면 조직이나 개인의 업무 한계를 극복하는 데 큰 도움을 얻을 수 있다. 직접 해보면 NM법의 매력에 깊이 빠져들 것이다.

창조는 모방에서 시작되고
모방은 스캠퍼로부터 출발한다

링컨 대통령 하면 먼저 떠오르는 말이 있다. '국민에 의한, 국민을 위한, 국민의 정부'라는 말이다. 남북전쟁 당시, 격전지였던 펜실베이니아의 게티즈버그에서 전몰자를 추모하기 위해 실시했던 연설에 담긴 내용이다. A4 용지 한 장 분량의 연설이었는데, 지금까지도 세계적인 명연설 중 하나로 꼽히고 있다. 연설이 유명해서인지 대부분의 사람들은 '국민에 의한, 국민을 위한, 국민의 정부'라는 말을 링컨이 최초로 한 말로 알고 있다. 그러나 이 말은 아주 오래 전부터 사용된 것으로, 1380년 영국의 종교개혁가이자 신학 교수였던 존 위클리프John Wycliffe가 그의 저서 《구약성서》 서문에 써놓은 것이다. 그는 성직자의 부패와 악덕을 비판하고 종교개혁의 이념적 가치를 표현하기 위해 이 말을 사용했다.

미국의 인권운동가 마틴 루터 킹 목사가 워싱턴 광장 연설에서 사용한

'나에게는 꿈이 있습니다 I have a dream'라는 표현도 아치볼드 캐리라는 사람이 미국 공화당 전당대회에서 처음으로 사용했다고 한다.

세기의 문호이자 영국 문학의 상징인 셰익스피어의 경우를 보면 그야말로 점입가경이다. 그는 글을 쓸 때 다양한 자료에서 스토리의 구성과 내용을 인용했다. 인용을 할 때, 글자 하나 고치지 않고 베끼는 경우도 있었고, 제목까지 표절하기도 했다고 한다. 그의 작품《안토니와 클레오파트라 Antony and Cleopatra》의 내용 중 일부는 플루타르크의《영웅전》을 철자 하나 안 고치고 그대로 도용했다. 요즘 같았으면 난리가 나도 여러 번 났을 것이다.

국내 모 증권사에서 CS부서를 맡고 있을 때의 일이다. 내가 근무했던 증권사는 업계 중상위권에 속하는 회사였다. 외국계 회사를 제외한 국내 증권사는 약 40여 개 정도인데, 고객들에게 제공하는 서비스의 종류는 회사마다 별반 차이가 없다. 그래서 증권 산업의 핵심은 회사 간 마케팅과 서비스 수준의 싸움이었다.

증권사의 일반 고객들은 대부분 개인고객이다. 개인고객들이 증권사를 이용하는 이유는 대부분 주식 거래를 하기 위해서다. 예전에는 증권거래를 하려면 증권사 객장에서 주문표를 작성하여 신청하거나 전화로 주문을 했다. 그러나 지금은 대부분의 고객들이 홈 트레이딩 시스템 HTS : Home Trading System을 이용한다. 이러한 이유 때문에 홈 트레이딩 시스템에서 제공하는 거래기능과 투자정보가 매우 중요한 마케팅 경쟁 요소로 작용하고 있다.

각 증권사들은 최고의 홈 트레이딩 시스템을 만들기 위해 치열한 경쟁을 벌인다. 그러나 중소형 증권사에서 상위 대형 증권사의 시스템 기능을 따라가기는 무척 어렵다. 투자 규모에서 차이가 날 뿐만 아니라, 고객 친화적인 시스템을 만들기 위해서는 고객들의 요구사항을 잘 파악해야 하는데, 거래 고객이 많으면 아무래도 유리할 수밖에 없기 때문이다.

이러한 한계에도 불구하고 중소형 증권사들은 차별화된 서비스를 만들기 위해 끊임없이 새로운 버전의 홈 트레이딩 시스템을 출시한다. 그러나 그때마다 고객과 현장 직원들은 동일한 반응을 보인다. 그 반응은 새 프로그램보다 상위 증권사의 시스템이 여전히 더 좋다는 것이다. 시스템을 개발하는 부서 입장에서는 정말 힘 빠지는 일이다. 뭔가 창의적이고 차별화된 것을 만들어냈다고 생각했는데 칭찬은커녕 혹평하는 경우가 더 많다. 심지어 '왜 상위 증권사의 시스템 모델을 따라하지 않느냐'고 지적을 하는 경우도 많이 있었다.

지금 생각해보면 고객과 영업직원들의 이 같은 지적은 정확했다. 모방도 훌륭한 전략이 될 수 있기 때문이다. 실력이 되지 않으면 우선 잘하는 것을 모방하는 것이 창의력을 발휘할 수 있는 또 다른 비밀이다. 그런 일이 반복된 이후, 결국 상위 증권사 프로그램을 따라하려고 했다. 그러나 그 시스템을 제대로 이해하지 못해서 따라할 수 없었다고 한다. 실력이 부족하거나 방법을 모르면 모방하는 그 자체도 쉽지 않다. 그렇다면 어떻게 모방할 것인가? 제대로 모방하기 위해 활용할 수 있는 방법이나 기법은 없을까? 이에 대한 해답은 스캠퍼에서 찾을 수 있다.

스캠퍼는 미국의 창의력 전문가인 밥 에블리Bob Eberle가 알렉스 오스본의 체크리스트법을 보완해서 만든 것이다. 스캠퍼는 아이디어를 도출하기

◆ 스캠퍼 SCAMPER 개념 정의

구분	개념 / 기능	활용방법
S	Substitute 대신 사용할 수 있는 것은?	재료 대체 동력 또는 방법의 대체
C	Combine 결합 할 수 있는 것은?	재료 또는 목적의 혼합 상표의 공동 사용
A	Adapt 조건에 맞게 적용할 방법은?	주요 용도에 맞게 조절 기능, 품질 등을 조절
M	Modify / Magnify / Minify 수정/확대/축소	소리를 내는 주전자, 방향제 24시간 영업, 더블버거 등
P	Put to other Use 다른 용도로 사용할 수 없나?	목적의 변경 다른 용도 또는 용처의 개발
E	Eliminate 삭제, 축소, 제거하는 방법은?	일부 부위를 제거하거나 기능을 제거
R	Reverse / Rearrange 역배열 또는 재배열	거꾸로 해 보거나 부품을 재배열

위해 대체Substitute, 결합Combine, 응용Adapt, 변형 Modify, 목적변경 Put to other uses, 제거Eliminate, 뒤집기Reverse를 활용하는 사고법이며, 단어들의 첫 글자를 따서 스캠퍼SCAMPER라고 명명하였다. 일반적으로 광고 분야에서 많이 활용하고 있는 기법이며, 여타 발상법과 달리 대체, 결합, 거꾸로 하기 등 사고법이 정해져 있어서 쉽게 아이디어를 도출할 수 있다.

'대체'는 물건, 사람 또는 절차 등을 다른 것으로 바꾸어 생각해 보는 방법이다. 떡볶이를 만들 때 고추장 대신 치즈나 간장을 사용하거나, 국내 제조업체에서 내국인 대신 외국인을 고용하는 것도 '대체'에 해당한다. '결합'은 재료나 용도를 합치는 것이다. 자기가 만든 제품에 로열티 계약을 맺은 외국 브랜드를 붙이거나, 스위스 군용 칼처럼 여러 도구를 결합한 형태가 여기에 해당한다. '적용'은 베끼기 개념으로 남자가 여자처럼 화장하는 것도 일종의 '적용'이라 할 수 있다.

스캠퍼의 M에 해당하는 '변형'은 수정·확대·축소의 복합적 의미가 있다. 주전자에 구멍을 뚫어 소리가 나게 하거나(수정), 방향제를 차량용으로 작게 만들거나(축소), 햄버거의 크기를 키워 더블버거를 만드는 것(확대) 등이 모두 '변형'에 포함된다. '목적변경'은 클립을 머리핀으로 쓰는 것처럼 전혀 다른 용도로 활용하는 것을 말한다. '제거'는 오픈카처럼 전체의 일부를 제거하거나, 여행사의 배낭여행 상품처럼 가이드나 숙박시설을 제외하여 새로운 상품을 만드는 발상법이다. '뒤집기'는 겉과 속을 뒤집어 누드김밥을 만들거나 밥을 먹기 전에 돈부터 내게 하는 식으로 순서를 뒤집는 역배열 발상이다.

> **대체 S Substitute**
> 다른 것으로 바꿀 수 있는가?
> 규칙을 바꿀 수 있는가?
> 대체할 대상으로 시간, 장소, 사람, 방법, 재료 중 어느 것이 좋은가?

대체는 말 그대로 부분적인 대체물을 찾는 것으로 스캠퍼 중에서 가장 쉽게 생각하고 접근할 수 있는 방법이다. 최고경영자들의 커다란 고민거리 중 하나가 조직의 변화관리인데, 이를 위해 활용할 수 있는 쉬운 기법이 대체전략이다.

삼성의 이건희 회장이 1993년에 독일의 프랑크푸르트에서 변화관리의 일환으로 발표한 삼성의 신경영 선언도 일종의 대체전략이다. 이 회장이 당시 기치로 내건 것이 '마누라와 자식만 빼고 모두 바꾸자'였다. 그 이후 가장 먼저 시작한 것이 시간대체다. 오전 9시에서 오후 6시까지였던 근무시간을 오전 7시에서 오후 4시까지로 바꾼 것이다. 이처럼 대체는 조직에서 활용할 수 있는 강력한 변화관리의 전략이 된다.

예술계로 눈을 돌려보자. 현대 미술사에서 막강한 영향력을 미친 앤디 워홀은 그의 작품 '브릴로 상자' '코카콜라병' '마릴린 먼로' '재키' '마오쩌둥' 등을 기존 제작방식에서 인쇄방식으로 대체했다. 다른 건 그것 뿐이다. 그러나 그 대체가 앤디 워홀의 가장 큰 업적 중 하나로 꼽힌다. 대량생산이 가능한 실크스크린 인쇄기술을 미술에 도입하여 창작의 방식을 바꾼 사례라 할 수 있다.

결합 C Combine
무엇을 결합할 수 있는가?
어떻게 결합할 수 있는가?
공감이 되는 것을 결합할 수 있는가?
용도, 재료, 단위, 사람 등을 결합할 수 있는가?

대체가 생각하기 가장 쉬운 방법이라면 결합은 스캠퍼의 여러 방법들

중 가장 많이 활용되는 방법이다. 스위스 군용 칼, 사무용 복합기, 짬짜면 등 결합을 활용해 개발한 상품을 주위에서 쉽게 찾아볼 수 있다. 21세기 사회에 가장 큰 영향을 끼친 스마트폰 역시 결합의 원리를 이용한 대표적인 창작물이라고 할 수 있다.

결합은 생활용품이나 전자제품 뿐만 아니라 문화 예술 분야에서도 널리 활용되고 있다. 1986년에 영국 런던에서 초연된 뮤지컬 〈오페라의 유령〉은 클래식과 대중문화를 결합하여 성공한 대표적인 작품이다. 약 25년 동안 전 세계 1억 명 이상이 관람했고, 지금도 공연이 계속 이어지고 있다. 이 작품의 작곡가인 앤드류 로이드 웨버 Andrew L. Webber 는 원래 클래식 음악을 전공한 사람이다. 그는 우연한 기회에 연극을 보고 감명을 받아 음악과 연극을 합친 뮤지컬 제작에 관심을 갖게 되었다. 1970년대 당시만 해도 클래식을 대중음악과 결합한다는 건 상상할 수 없는 일이었다. 그러나 웨버는 금기를 깨고 〈지저스 크라이스트 수퍼스타〉라는 록오페라를 세상에 내놓는다. 이 작품이 공전의 히트를 쳤고, 뒤이어 〈에비타〉 〈캣츠〉 등 블록버스터 록오페라를 선보이게 된다. 이 작품들의 공통점은 내용과 음악 등을 모두 다른 작품에서 인용하여 새롭게 결합했다는 점이다.

적용 A Adapt

과거에 유사한 사례가 있었는가?

자연 현상에서 도입할 수 있는 것은 무엇인가?

유사한 환경에 있는 사람들은 어떻게 대응했는가?

적용은 다른 원리나 방법들을 동원하여 목적에 맞는 활용법을 찾는 것이다. 대표적인 분야가 생체모방학Biomimetics이다. 생체모방학에서는 자연과 생명의 여러 현상과 원리를 모방하여 의학, 건축, 전기전자, 기계 분야 등의 기술개발에 활용한다.

생체모방학의 성공사례 중 우리에게 친숙한 아이템은 벨크로다. 찍찍이라고도 부르는 벨크로는 엉겅퀴의 갈고리를 관찰하여 원리를 찾은 것이다. 한 면에는 고리를 만들고 다른 한 면에는 갈고리를 만들어 서로 붙이면 고리에 갈고리가 걸려 강한 접착력을 지니게 된다. 오늘날 벨크로는 옷소매에서부터 무중력 상태인 우주선 안에서 도구를 고정시키는 장치까지 그 쓰임새가 다양하다. 게코 도마뱀이 벽에 붙는 원리를 이용하여 등반용 특수장갑을 만든 것이나 상어 피부의 삼각형 돌기를 보고 수영복의 소재를 개발한 것도 적용에 해당한다.

> **변형 M Modify**
> 무엇을 수정할 수 있는가?
> 어떤 부분을 수정할 수 있는가?
> 축소하면 어떠한 이득이 있는가?
> 확대하면 어떠한 이득이 있는가?

변형은 스캠퍼 중 유일하게 놀이처럼 할 수 있는 방법이다. 찰흙놀이를 연상하면 쉽게 이해할 수 있을 것이다. 변형은 기존의 디자인이나 기능을 수정하는 것으로부터 크게 확대하거나 작게 축소하는 것까지 매우 다양하다. 콜라병을 굴곡진 모양으로 만들거나 물파스의 앞부분을 휘어지게 만든 것도 변형에 해당한다. 극장 외벽에 붙은 거대한 킹콩 조형물, 볼링장 건물 위에 있는 볼링핀 조형물, 초소형 카메라 등은 확대 또는 축소 형태의 변형이라고 볼 수 있다. 어떤 제품에 변형의 원리를 적용하고 싶다면, 일단 그 제품을 찰흙이라고 생각하고 접근하면 된다. 그런 다음 찰흙놀이 하듯 마음대로 변형을 가하면 된다.

목적변경 P Put to other Uses
다른 용도로 사용할 수 있는가?
일부분을 다른 용도로 사용할 수 있는가?
형태와 무게를 다른 용도로 사용할 수 있는가?

목적변경은 어떤 사물이나 아이디어를 다른 방법으로 활용하는 것이다. 배경에서 의미를 찾는 방식으로, 배경을 바꾸면 의미도 바뀐다는 생각에서 고안된 것이다.

목적변경의 대표적인 사례로 포스트잇을 들 수 있다. 3M의 포스트잇은 전 세계적으로 히트를 친 문구용품이다. 애초에 포스트잇은 접착제 용도로 개발되었는데, 의도와 달리 접착력이 형편없는 실패작이었다. 결국 포스트잇에 쓰이는 접착제는 폐기처분될 운명이었다. 그러나 떼었다 붙이기를 반복할 수 있다는 점을 활용하여 메모용지 접착제로 사용하면서 큰 성공을 거두게 되었다. 목적변경의 사고방식이 실패작을 세계적인 히트 상품으로 바꾸어 놓은 것이다.

제거 E Eliminate
불필요한 것은 무엇인가?
무엇을 생략하고 삭제할 수 있는가?
무엇을 나누고 분리해야 하는가?

제거는 사물의 일부분을 삭제하거나 분리하여 새로운 것을 만드는 사고법이다. 무선전화기, 무선인터넷, 무선마우스, 오픈카, 무설탕 음료 등이 여기에 속한다.

제거를 활용한 대표적인 사례가 실루엣Silhouette이다. 실루엣은 '전체적인 윤곽' 또는 '그림자로 표현한 형상' 등을 뜻한다. 실루엣이라는 용어는 프랑스 재무장관의 이름에서 유래되었다. 18세기, 실루엣이라는 프랑스 재무장관이 있었는데, 상당히 검소하고 원칙을 중시했다고 한다. 당시 프랑스는 영국과의 '7년 전쟁'에서 패하여 많은 식민지를 영국에게 빼앗기고 경제적으로도 어려움에 빠져 있었다. 이러한 경제적 상황은 패션업계에도 영향을 주었다. 불필요한 기능을 제거하고 디자인을 단순화시킨 의상이 유행한 것이다. 대표적으로 주머니가 없는 양복과 바지가 유행했다. 극심한 불황 때문에 돈이 없어서 호주머니가 필요 없었기 때문이다. 그때부터 프랑스인들은 호주머니가 없는 의상에 당시 재무장관의 이름을 붙여 실루엣이라고 부르기 시작했다고 한다.

분리를 이용한 제거도 생각해 볼 수 있다. 고객등급을 나누어 VIP 고객만을 위한 프로그램을 운영하거나 특정상품을 남녀로 구분하여 남성(또는 여성)상품만을 만들거나, 계절로 구분하여 각 계절에 맞는 상품만을 만드는 것이 이에 해당한다.

뒤집기 | R Reverse
순서를 바꾸면 어떻게 되는가?
어떤 배열이 더 좋은가?
역할과 위치를 바꾸면 어떻게 되는가?

뒤집기는 형식, 순서, 구성 등을 바꾸어 새로운 상품이나 문제해결의 아이디어를 얻는 방법이다.

"아이디어를 빌릴 때, 자기 분야에서 벗어나기 위해 밟아야 하는 첫 번째 단계는 반대 방향으로 향하는 것이다. 당신이 속한 시장에서 경쟁자가 큰 물건을 만들어 성공하고 있다면, 당신은 작은 물건을 만드는 시도를 해야 한다. 인기가 있는 아이디어의 반대편을 취하는 것은 언제나 신기하고 새로운 접근법일 수밖에 없다. 반대편으로 가서 거기에 있는 재료들을 모아라. 이는 내가 즐겨 하는 사고 접근법이기도 하다. 이유는 간단하다. 이 접근법은 단순하면서도 매우 창의적이라고 인식되기 때문이다. 당신이 누군가의 아이디어를 훔쳤지만 그것의 정반대를 사용함으로써, 즉 그 아이디어를 뒤집어서 사용함으로써 이런 사실을 숨긴다면 사람들은 당신을 창의적인 천재라고 부를 것이다."

이 글은 미국의 창의력 컨설턴트 데이비드 코드 머레이의 책《바로잉 Borrowing》에서 인용한 것이다. 머레이의 말처럼 창의력은 모르는 것을 발견하기 위해 아는 것을 풍부하게 역배열하거나 재배열하는 것으로부터 발현된다. 관점을 뒤집으면 생각이 열린다. 반대편에서 보면, 놓치기 쉬운 부분을 볼 수 있는 경험을 할 수도 있다.

역사적인 업적을 남긴 인물들의 공통점 중 하나는 그 시대의 상식과 반대로 생각하는 경향이 많다는 점이다. 15세기 유럽에서부터 출발하여 중동을 거쳐서 인도와 중국으로 이어지는 실크로드는 오스만 제국에 의해 통제가 되고 있었다. 유럽의 여러 나라들은 오스만 제국에 통행료를 내고 동양과 무역을 해야 했기 때문에 부담이 많았다. 해결책은 신항로를 개척하는 것이었다. 신항로 개척을 위해 탐험가들은 동쪽으로 항로를 잡았다. 유럽에서 출발하여 아프리카 남단을 거쳐 인도로 가는 선박 항로였다. 이때 오로지 콜럼버스만이 동쪽이 아닌 서쪽으로 항로를 개척했다. 지구가 둥글다는 가정 하에 반대 방향인 서쪽으로 떠나는 역발상을 했다. 그의 생각은 적중했고, 서양은 신항로 개척에 힘입어 세계무대에서 패권을 쥐게 되었다.

스캠퍼에 비교적 많은 지면을 할애했다. 간단하고도 일반인들이 다양한 분야에 널리 적용해서 쓸 수 있는 기법이기 때문이다. 스캠퍼에서 다룬 7가지 방법에는 핵심적 발상법들이 모두 들어 있다.

이 방법들은 창의력 프로세스의 여러 단계에서 활용할 수 있다. 예를 들어 관찰단계에서 사물을 바라보는 시각을 스캠퍼 식으로 하여, 현상을 거꾸로 보거나 확대해 보거나 다른 사람 입장에서 볼 수도 있을 것이다. 브레인스토밍, NM법 등과 같은 발상법도 나름의 장점을 가지고 있지만, 언제나 편하고 부담이 없는 방법으로 스캠퍼 만한 것도 없다. 다른 발상법과 달리 생각의 방향이 미리 정해져 있다는 점도 편히 사용하기 좋은 장점이라 할 수 있을 것이다.

트리즈를 활용하여
1%의 가능성을 100%로 만들어라

SBS 수목드라마 〈상속자들〉의 배경음악으로 쓰인 '세렌디피티Serendipity'라는 음악이 인터넷 인기검색어 순위에 오른 적이 있다. 우리에게 다소 생소한 용어인 세렌디피티는 '행복한 우연을 포착하는 능력' 또는 '우연에 의한 위대한 발견'이라는 의미를 가지고 있다.

위대한 발명이나 발견을 한 사례들 중에 '세렌디피티'처럼 보이는 경우가 종종 있는데, 이 점을 궁금하게 생각하고 그 원리를 심도 있게 연구한 사람이 있었다. 바로 러시아 과학자 겐리히 알트슐러Genrich Altchuller다. 그는 발명의 프로세스를 정립한 유일한 사람이며, 트리즈TRIZ: Teoriya Resheniya Izobretatelskih Zadach라는 창의적 문제해결기법을 개발한 주인공이다.

알트슐러는 1926년, 구 소련(지금의 우즈베키스탄)에서 태어났다. 어릴 적부터 천재성을 보인 알트슐러는 15살에 산소공급 수중다이빙 장비 특허

◆ **알트슐러의 특허기술 분류**

평가순위	정의	비중	특징
1	혁신적 발명/발견	1%	과학의 원리 발견 및 모순 해결
2	발명/발견	4%	원리를 이용한 모순 해결
3	혁신적 개선	18%	다른 분야의 지식 활용
4	개선	45%	해당 분야의 지식 활용
5	정해진 절차	32%	기술적 모순이 없음

를 받아냈고, 16살 때는 카바이드를 이용한 가스 분사형 보트를 발명하여 특허를 냈다. 1970년대, 한국과 일본에서 그의 기술을 모방한 어린이용 장난감 보트가 판매되었는데, 상당히 인기를 끌었던 기억이 난다.

1940년대 후반, 러시아 특허청 관련 업무를 하던 알트슐러는 약 10년에 걸쳐 전 세계에 등록된 특허기술 자료 20만 여 건을 수집했다. 그는 이 자료들을 관찰하고 분석하면서 특허 발명의 패턴을 찾게 되었다. 그 패턴은 '혁신적인 발명들은 광범위한 지식을 융합하거나 새로운 원리를 만들어 적용한 것들'이라는 것이다. 그는 그 새로운 원리를 만들기 위해서는 개발 과정에서 나타나는 모순관계를 규명하고 반드시 해결해야 한다고 주장했다. 알트슐러는 이렇게 만들어진 혁신적 기술이 전체 특허기술의 1%도 되지 않는다는 사실에 주목했다. 모순관계를 규명하고 이를 해결한 혁신적 발명이 1% 미만이라는 의미이다.

산업현장에서 일하는 실무자들은 종종 모순 상황에 직면하게 된다. 대부분의 조직에서는 비용은 적게 들이면서 수익은 많이 내라고 요구한다. 리스크가 적고 수익률이 높은 신규사업을 개발하라거나, 인원은 늘리지 말고 사업을 확장하라는 식이다. 항공산업 분야의 기술개발 부서는 장갑차처럼 튼튼하고 깃털처럼 가벼운 항공기 동체를 만드는 것을 기술개발의 핵심으로 생각할 수 있다. 그러나 현실적으로 장갑차처럼 튼튼하게 만들려면 비행기 동체의 무게가 무거워질 수밖에 없다. 깃털처럼 가볍게 만들었다가는 비행기 동체가 부실해진다. 항공기 동체의 내구성을 개선하면 무게가 문제가 되고, 무게를 개선하면 내구성에 문제가 생긴다. 모순관계가 생기는 것이다. 어떻게 보면 하나를 얻으면 하나를 잃게 되는 자연스러운 현상이다.

알트슐러는 모순관계가 생기는 근본 원인이 물질의 특성 간 대립 때문이라고 보았다. 그런 생각으로 그는 모순을 일으키는 물질의 특성을 구분하고자 하였고, 결과적으로 무게, 길이, 면적, 부피, 온도, 강도, 속도, 힘, 압력 등 39가지 변수 특성이 규정되었다.

알트슐러는 이 39가지 변수 특성을 파라미터 Parameter 라고 정의하였다. 물질의 파라미터는 사람들의 성격이나 특성과 같다고 볼 수 있다. 사람의 성격이나 특성은 심리적인 요인으로부터 신체적인 요인, 환경적인 요인 등 무척 다양하다. 그리고 사람들 간의 갈등은 대부분 서로 다른 특성 차이 때문에 발생한다. 물질도 마찬가지다. 무게, 길이, 면적, 부피, 온도, 강도와 같은 특성의 차이가 모순관계의 원인이 된다.

알트슐러는 39가지 변수 특성이 서로 충돌하여 1,500여 가지의 모순적 경우의 수(39×39)가 발생한다고 보았다. 물질의 특성 차이에서 발생하는

1,500여 가지의 모순은 크게 기술적 모순과 물리적 모순 두 가지로 구분된다.

기술적 모순은 서로 다른 두 변수 특성이 상충하는 경우를 말한다. 앞서 언급한 것처럼 비행기 동체가 튼튼하면서도 무게가 가벼워야 한다든지, 전등의 온도를 낮추면서 빛은 밝게 해야 하는 것 등은 모두 기술적 모순에 속한다. 이와 달리 물리적 모순은 한 가지 변수 특성이 서로 다른 값을 동시에 갖거나 상반된 값이 요구될 때 발생한다. 예를 들어 물체의 길이가 길면서 동시에 짧아야 되는 상황이 있다. 총의 정확성을 높이기 위해서는 총열의 길이가 길어야 하지만 휴대의 간편성을 위해서는 총열의 길이가 짧아야 하는데, 이러한 상황을 물리적 모순이라고 할 수 있다.

알트슐러는 기술적 모순과 물리적 모순이 발생했을 때 사용할 수 있는 해결책으로 40가지 발상법을 제시하였다. 이것이 그 유명한 트리즈의 '40가지 발명 원리'다. 1,500여 가지의 모순에서 몇 십 가지 물리적 모순을 제외하고 나면 대부분 기술적 모순이다. 각각의 모순관계를 해결하기 위해 40가지 발명 원리를 모두 다 사용하는 것은 아니다. 각각의 기술적 모순관계에 대해 선택적으로 2~4가지의 발상법을 활용하게 되어 있다. 40가지 발명 원리는 트리즈의 핵심이다. 이 원리는 앞서 설명한 스캠퍼의 7가지 발상법과 개념적으로 거의 비슷하다. 차이가 있다면 스캠퍼가 7가지 발상법을 정리한 것이라면 트리즈는 40가지 발상법을 정리해 놓은 것이라는 점이다.

트리즈에서는 물리적 모순을 해결하는 것이 확률적으로 1%의 가능성이라고 보고 있다. 문제해결 가능성이 1%도 되지 않는 물리적 모순을 100%

로 만드는 유일한 방법은 분리 Segment다. 이러한 이유 때문에 알트슐러는 모순적 관계를 해결하기 위한 40가지의 발명원리 중 분리를 첫 번째 우선순위로 설정하고 있다. 알트슐러는 분리를 이용한 문제해결 방법으로 시간·공간·부분·조건의 분리를 제시하였다. 그럼 40가지의 발명원리 중 물리적 모순과 기술적 모순을 모두 제거할 수 있는 분리 원리의 세부 내용을 살펴보자.

첫째, 시간을 분리하여 문제를 해결하는 방법이다. 예를 들어 비행기는 양력의 원리로 공중에 뜬다. 이때 문제는 양력이 진행방향의 수직으로 작용하는 힘이기 때문에 비행 속도에 장애가 된다는 점이다. 비행기를 뜨게 하기 위해서 양력이 필요하지만 속도를 높이기 위해서는 양력을 없애야 한다. 결국 양력이 필요하면서 동시에 양력이 불필요한 황당한 모순상황에 빠지게 된다. 이러한 경우 어떻게 해야 하는가? 양력은 비행기 날개폭에 의해서 결정되며, 폭이 넓으면 양력이 많이 생긴다. 따라서 양력이 필요한 이착륙 시점에는 날개폭을 넓게 하고, 비행 시에는 날개폭을 좁게 할 필요가 있다. 그런 이유로 날개 구조를 2중화하여 날개폭을 조절할 수 있는 기술이 개발되었다.

시간분리와 관련된 또 다른 예로 감시 카메라인 CCTV를 들 수 있다. CCTV는 감시 목적을 위해 상시적으로 영상을 저장해야 하지만, 제한된 메모리와 관리 효율성 문제로 특이사항이 없을 때는 영상을 저장하지 말아야 한다. 영상을 저장해야 하지만 동시에 저장하지 말아야 하는 물리적 모순 상황이다. 이를 해결하기 위해 영상에 움직이는 물체가 나타날 때만 자동적으로 기록하는 모션캡처 Motion Capture 기능이 개발되었다.

시간에 따른 분리	- 하나의 속성을 어느 때는 높게, 어느 때는 낮게 한다 - 하나의 속성을 어느 때는 존재하게, 어느 때는 존재하지 않게 한다 - 전투기 날개를 이착륙 시에는 넓게 펴고 비행 중에는 좁게 접는다 - 움직임이 있을 때만 CCTV 카메라가 영상이 기록되도록 한다
공간에 따른 분리	- 하나의 속성을 한쪽에서는 높게, 다른 쪽에서는 낮게 한다 - 하나의 속성을 한쪽에서는 존재하게, 다른 쪽에서는 존재하지 않게 한다 - 노인들이 주로 사용하는 다 초점 렌즈 안경 - 치어를 보호하기 위해 어항 속에 작은 구멍이 있는 관을 설치한다
부분과 전체로 분리	- 전체 시스템에서는 하나의 값을 갖게, 부품 수준에서는 다른 갖게 한다 - 속성이 시스템 수준에서는 존재하지만, 부품 수준에서는 존재하지 않게 한다 - 우수고객을 구분하여 별도의 VIP 프로그램을 운영한다
조건에 따른 분리	- 속성을 어떤 조건에서는 높게, 다른 조건에서는 낮게 한다 - 하나의 속성을 어떤 조건에서는 존재하게, 다른 조건에서는 존재하지 않게 한다 - 튀김요리를 할 때, 저온과 고온으로 구분하여 두 번 튀긴다

둘째, 공간분리를 활용하는 방법이다. 나이가 점점 들다보면 '내가 정말 나이가 들었구나' 하고 느끼는 때가 있다. 노안이 와서 글씨가 잘 보이지 않는 상황이 오면 스스로 나이가 들었다는 것을 실감한다. 근시인 사람에게 노안이 오면 이만저만 불편한 것이 아니다. 늘 쓰던 안경에 더해 돋보기 안경까지 가지고 다녀야 한다. 안경 하나 간수하기도 불편한데, 두 개를 가지고 다닌다는 건 여간 불편한 일이 아니다. 이 문제를 해결하기 위

해 나온 제품이 다 초점 안경이다.

공간분리는 생태계를 유지하고 약자를 보호하기 위한 문제해결 방법으로도 활용된다. 열대어를 집에서 키우는 사람들은 다들 알겠지만, 열대어들은 개체 수를 조절하기 위해 자기 새끼들을 잡아먹는다. 이런 상황을 방지하기 위해서는 작은 어항을 따로 구해서 치어들을 키우다가 어느 정도 크면 다시 수족관에 집어넣는 과정을 반복해야 한다. 일종의 공간분리라고 할 수 있는데, 문제는 계속 관찰하고 있다가 열대어가 새끼를 낳을 때 꺼내주기가 여간 불편한 게 아니라는 점이다. 이 불편함을 해결하기 위해 등장한 것이 치어 분리형 필터 어항이다. 이 필터를 설치해 수족관 내에 치어들의 대피공간을 마련해 주면 골치 아픈 문제를 해결할 수 있다.

셋째, 전체와 부분을 분리하여 모순을 해결하는 방법이다. 어느 조직이나 흔하게 겪는 모순 상황이 있다. 자원은 제한되어 있는데, 그 이상을 요구 받는 경우이다. 신규투자가 없는 상황에서 기존 예산으로 고객서비스 품질을 획기적으로 높여야 하는 상황이라고 치자. 정말 답답할 노릇인데, 누구나 접할 수 있는 상황이다. 어떻게 할 것인가? 곰곰이 생각해보면 고객이라고 해서 다 같은 고객은 아니다. 앞서 패턴단계에서도 언급했지만 핵심고객은 얼마 되지 않는다. 비율로 따지면 한 자릿수 미만이다. 핵심고객을 전체 고객과 분리해서 중점적으로 관리하면 문제를 어느 정도 해결할 수 있다. 예산을 증액하지 않고 핵심고객에 대한 서비스 품질을 획기적으로 높이는 방식으로 문제를 해결할 수 있다.

넷째, 조건분리를 활용하여 모순점을 해결하는 방법이다. 튀김요리를 예로 들어보자. 튀김요리는 온도가 매우 중요하다. 식재료를 익히기 위해서는 저온에 오래 튀겨야 한다. 하지만 저온에서 튀기면 바삭한 식감이 나오지 않는다. 그렇다고 고온에서 튀기면 속이 익지 않고 식재료의 겉만 태울 수 있다. 이럴 때 어떻게 해야 문제를 해결할 수 있을까?

치킨집에서 닭요리를 하는 모습을 유심히 관찰한 사람들은 알 수 있는 내용이다. 먼저 식재료를 저온에서 튀겨 익힌다. 그런 다음 고온으로 살짝 튀겨서 식감을 만드는 것이다. 저온과 고온으로 조건을 분리함으로써 모순 문제를 해결할 수 있다.

이처럼 일상생활 속에서 트리즈의 분리 원리가 적용된 사례를 쉽게 찾아볼 수 있다. 40가지 발명 원리 중에는 스캠퍼에서 말하는 7가지 사고방식이 포함되어 있으며, 그 외에 등가성 원리나 주기적 작동 원리 등이 실생활에서 유용하게 활용될 수 있다.

등가성 원리는 말 그대로 수준에 맞추어 비용이나 절차를 개선하는 원리이다. 예를 들어, 교육현장에서 자주 강조하는 눈높이 교육, 노약자들의 편의를 위해서 대중버스의 승강구 높이를 낮추는 것, 남자들 소변기 높이를 낮추는 것 등이 등가성 원리에 의한 아이디어라고 할 수 있다.

주기적 작동 원리는 일정한 시간 간격으로 과제를 수행하거나 사물이 작동하게 하는 것을 의미한다. 누구나 인생의 성공을 꿈꾸지만 실행에서 어려움을 겪는다. 성공이라는 목적을 달성하기 위해 해야 하는 일들은 하기 싫거나 귀찮은 것들이 대부분이다. 이러한 일들은 중요한 일임에도 불구하고 꾸준히 수행하기가 어렵다. 대표적인 것이 운동, 공부, 봉사활동 등이다. 이러한 모순을 해결하기 위해 처음에는 빈도수가 낮더라도 정기적으로 실행계획을 세우고 실천하는 것이 좋다. 최적의 시간을 정한 다음,

하기 싫고 귀찮은 일들을 주기적으로 하는 것이다. 그러다가 익숙해지고 재미가 붙으면 그 주기를 짧게 하여 빈도수를 늘리면 된다. 중요한 것은 습관인데, 습관화하기 위해 주기적 작동 원리만큼 효과적인 것도 없다.

지금까지 트리즈의 발명원리 40가지 중 몇 가지를 살펴보았다. 트리즈는 창의적 발상을 위해 활용할 수 있는 방법이기 때문에 방법 자체에 구속될 필요가 전혀 없다. 상황에 따라 자신이 필요한 원리를 추출하여 활용하면 된다.

한 가지 염두에 두어야 할 것은 트리즈 기법이 다른 발상법들과 달리 모순요인에 대한 문제정의를 명확히 한다는 점이다. 트리즈의 장점이 문제정의인 반면, 단점은 발명의 원리가 너무 많고 복잡하다는 점이다. 따라서 스캠퍼 원리를 먼저 명확히 이해하고 나서 트리즈와 연계해 생각하면 트리즈 기법을 완벽하게 이해하고 활용하는 데 많은 도움이 될 수 있다.

40가지 원리를 다시 분류하여 7~10가지로 축약하는 것도 좋은 방법이다. 중요한 것은 생각하는 습관인데, 기법이 복잡하면 습관화하기가 어렵다. 40가지 원리 중에는 활용 빈도가 낮거나 본인에게 익숙하지 않은 것도 있을 수 있다. 이때 필요한 원리가 스캠퍼에서 말하는 '제거'다. 본인에게 맞는 발상법들만 추출하고 나머지는 과감하게 버리는 것도 창의적인 접근 방법이라는 점을 알아두기 바란다.

◆ 트리즈의 40가지 발명 원리

발상법	세부내용
1. 분리 Segment	트리즈 40가지 발상법 중 물리적 모순 해결 시 핵심적으로 사용한다 하나의 사물을 독립적인 여러 부분으로 나눈다 - 동일한 통신주파수를 다수가 사용하도록 코드분할한다(CDMA 등) Module 별로 나눈다(조립과 분해가 쉽게 만든다) - 조리기구의 손잡이를 탈착식으로 분리한다
2. 추출 Extracting	방해가 되는 부분이나 특성을 추출한다 - 공해의 원인이 되는 유황 및 질소산화물의 배출을 규제한다 필요한 부분이나 특성만을 추출한다 - 아미노산의 일종인 글루타민산나트륨을 조미료로 사용한다
3. 국소적 성질 Local Quality	구조를 동적인 것에서 이질적인 것으로 만든다 - 먼지제거를 위한 물 입자 크기를 두 가지로 분류한다 　(작은 물 입자는 안개를 발생시켜 시야를 가리기 때문에 큰 물 　　입자를 동시에 분사하여 안개를 제거한다) 여러 부분들이 서로 다른 기능을 수행하도록 한다 - 정수장의 물 입구를 1, 2차로 나누어 이물질을 차단한다
4. 비대칭 Asymmetry	대칭을 비대칭으로 대체한다 - 가변차선을 이용해 도로의 차선 수를 교통량에 따라 다르게 한다 - 신발 끈의 색깔을 왼쪽과 오른쪽 각각 다르게 한다 사물이 이미 비대칭이면 그 비대칭의 정도를 높인다 - 연료통 바닥을 비대칭으로 하여 잔여물을 최소화 한다
5. 통합 Consolidation	동질적인 사물들 또는 연속적으로 작동하도록 되어 있는 사물들을 공간적으로 통합한다 - 두 개의 엘리베이터를 결합하여 폭이 큰 화물을 운반할 수 있게 한다 - 유리 보관 및 이동 시 여러 장을 붙여서 파손 비율을 낮춘다 동질적이거나 연속적인 동작을 시간적으로 통합한다 - 런닝머신이나 실내 자전거로 운동을 하면서 TV를 본다

발상법	세부내용
6. 다용도 Universality	한 가지 사물로 여러 가지 다른 기능을 수행하게 한다 - 소파와 침대를 겸용으로 사용한다 - 골프채를 지팡이로 사용한다 - 고속도로 휴게소에서 숙식을 해결한다 - 식당을 강의장으로, 강의장을 연회장으로 활용한다
7. 포개기 Nesting	한 가지 사물을 다른 사물 속에 넣거나 포개서 집어넣는다 - 접이식 우산, 접이식 컵 - 건물의 강도를 높이기 위해 철근을 넣는다 - 옷의 모양을 잡기 위해 와이어를 집어넣는다
8. 평형추 Counterweight	들어 올리는 힘을 내는 다른 사물과 결합하여 사물의 무게를 상쇄한다 - 애드벌룬에 광고 플래카드를 붙인다 사물의 무게를 상쇄하기 위해 외부환경에 의해 영향을 받는 공기/유체역학적인 힘을 이용한다 - 물에 뜨는 낚시찌를 사용한다
9. 선행 반대조치 Prior Counteraction	너무 크거나 바람직하지 않은 응력을 상쇄하기 위해 사물에 미리 항력을 가한다 - 물고기를 낚을 때 릴을 풀면서 당긴다 - 항체를 생성하기 위해 약하게 감염시킨다 - 보리의 성장을 돕기 위해 겨울에 밟아 준다
10. 선행조치 Prior Action	사물에 요구되는 변화를 미리 (완전히 또는 부분적으로) 가한다 - 나무를 베기 전에 물감을 흡수시켜 컬러 목재를 만든다 - 현미밥을 짓기 전에 물에 불린다 편리한 위치에서 즉시 작동할 수 있도록 사물의 위치를 미리 조정해둔다 - 커터 칼날에 홈을 만든다
11. 사전예방 Cushion in Advance	사전대응 조치를 취해서 물체의 낮은 신뢰성을 보완한다 - 자동차도로의 급회전 지역에 사고 방지용 패드를 설치한다 - 도서관 책에 자성테이프를 붙여서 도난을 방지한다 - 우범지역에 감시 카메라를 설치한다 - 자동차에 에어백을 설치한다

발상법	세부내용
12. 등가성 Equipotentiality	사물을 들어 올리거나 내릴 필요가 없도록 작업조건을 바꾼다 - 장애인 자동차의 발판 높이를 낮춘다 - 화장실 소변기 높이를 낮춘다
13. 반대로 하기 Do It in Reverse	문제가 요구하는 직접적인 조치 대신에 반대 조치를 취한다 - 불황시 과감한 투자 확대를 한다 위 아래를 뒤집는다 - 조리기구 뚜껑에 가열장치를 부착한다
14. 구형화 Spheroidality	직선을 곡선으로 평면을 곡면으로 입체를 구체로 바꾼다 - 스마트폰 외장 디자인을 곡선으로 처리한다 직선운동을 회전운동으로 바꾼다(원심력의 활용) - 대형 회전기로 땅속에 박힌 파이프를 뽑는다
15. 유연성 Dynamicity	사물이나 외부환경의 특성을 변화시켜 작동단계마다 최상의 성능을 얻게 한다 - 오르골 속 바늘이 소리판을 튕겨서 최적의 멜로디를 만든다 정지하고 있는 사물을 동작시켜 상대적인 운동성을 증가시킨다 - 바닥판을 움직여 회전목마가 이동하게 한다 사물의 상대적 위치를 서로 바꿀 수 있는 요소들로 분할한다 - 고정 바퀴를 여러 개의 유연한 바퀴로 교체하여 거친 땅을 쉽게 이동하게 한다(전차 궤도)
16. 부분적이거나 과도한 동작 Partial or Excessive Action	100%를 이용하지 않고 많거나 적게 사용한다 - PC 메모리 슬롯에 여분을 남겨둔다 - 철로에 간격을 두고 설치한다 - 휴대전화의 배터리 여분으로 1개 더 준다 - 실제 원하는 것보다 높게 목표를 설정한다
17. 차원 바꾸기 Transition Into a New Dimension	사물의 일차원적 이동 및 배치를 2차원적인 것으로 바꾼다 N차원은 N+1차원으로 바꾼다 - 3D 영화, 홀로그램 사물을 다층으로 구성한다 - 2층 버스, 고층건물, 다층 터널, 다층 교량 등 사물을 기울이거나 옆으로 눕힌다 - 통나무를 수직으로 저장한다

발상법	세부내용
18. 기계적 진동 Mechanical Vibration	진동을 이용한다 - 피로를 풀기 위해 진동의자를 만든다 진동수를 변화시킨다 - 초음파 세척기 초음파 진동을 전자기장과 연계한다 - 초음파를 이용하여 물체를 가열한다
19. 주기적 작동 Periodic Action	연속적인 작동을 주기적, 순간적인 형태(임펄스)로 전환 - 신호등을 주기적으로 깜박인다 작동이 주기적이면 그 주파수를 바꾼다 - 놀이기구의 진동주기를 바꾸거나 다른 방향으로 진동을 만든다 작동시간의 쉬는 시간을 활용한다 - 콘덴서에 에너지를 저장한 후 주기적으로 송출한다
20. 유익한 작용의 지속 Continuity of Useful Action	중단 없이 진동하게 한다 - 여닫이문을 회전문으로 만든다 불필요한 동작 또는 중간 동작을 제거한다 - 화물운반차량을 전국으로 연계하여 수송체계를 만든다 왕복운동을 회전운동으로 대체한다 - 좁은 공간에서 차를 회전시켜 방향을 바꾼다
21. 고속으로 처리 Rushing Through	해롭고 위험한 작업은 고속으로 처리한다 - 통증을 줄이기 위해 이를 뽑을 때 순간적으로 뽑는다 - 감자의 장기보관을 위해 표면에 순간적으로 열처리를 한다 - 플라스틱 튜브 절단 시 변형을 막기 위해 고속으로 절단한다
22. 전화위복 Convert Harm into Benefit	해로운 인자를 활용한다 - 고랭지의 악천후를 이용해 고랭지재배, 억제재배, 화훼재배를 한다 하나의 해로운 인자를 다른 해로운 인자와 결합시켜 제거한다 - 건물 폭파 시, 건물 주변에 도랑을 만들어 충격파가 되돌아오도록 하면 충격파의 에너지가 상쇄된다
23. 피드백 Feedback	피드백을 도입한다 - 엔진 기화기의 연료량은 플로트 밸브로 자동 조절된다 피드백이 이미 존재하면 그것을 변화시킨다 - 평가지표의 항목별 가중치만 조정한다

발상법	세부내용
24. 매개체 Mediator	매개체를 사용하여 작용을 전달하거나 수행한다 – 결혼 배우자를 구하기 위해 전문회사에 의뢰한다 – 고객창구를 단일화 하기 위해 콜센터를 운영한다 – SNS, 이메일을 활용해 커뮤니케이션을 활성화한다
25. 셀프서비스 Self Service	사물 스스로 보충 및 수리작업을 수행한다 – 태양전지를 활용하여 자체 충전으로 작동하게 한다 – 무인시스템을 운영하여 가격을 낮춘다(셀프주유소 등) 버리는 재료와 에너지를 이용한다 – 컨베이어를 닦는 브러시에 쌓인 마모된 입자로 컨베이어를 닦는다
26. 카피 Copying	다루기 불편한 원래 제품 대신에 단순하고 값싼 제품을 사용한다 – 현금 대신 수표나 신용카드를 사용한다 – 가시광선을 적외선이나 자외선으로 대체한다 – 2차원 영상을 3차원 영상으로 바꾼다 사물(시스템)을 영상이나 사진으로 대체한다 – 열차에 실린 나무의 양을 직접 측정하지 않고 사진으로 측정한다
27. 일회용품 Disposable	값비싼 사물을 값싼 사물로 대체한다 – 일회용 주사기 바늘, 기저귀, 콘텍트 렌즈 등 일정 기간 경과 후 사라지게 한다 – 외과수술용 녹는 실, 바이오 플라스틱 등
28. 기계시스템의 대체 Replacement of Mechanical System	기계시스템을 광학, 음향, 열, 후각 시스템으로 대체한다 – 굴착기 날이 파손되면 소리가 나게 한다 사물을 전기장, 자기장, 전자기장과 상호작용하게 한다 – 전기장으로 움직이는 센서
29. 공기압 또는 유압식 구조물 Pneumatic or Hydraulic Constructions	사물의 고체 부분을 기체나 액체로 대체한다 – 물침대 및 야외용 공기매트 – 공기주입식 광고물 및 놀이기구 – 젤 쿠션을 이용한 자전거 안장

발상법	세부내용
30. 유연막 또는 박막 Flexible Membranes or Thin Film	통상적인 구조물을 유연한 막이나 박막으로 대체한다 - 유리병 대신 페트병을 사용한다 - 안경 대신 콘텍트 렌즈를 활용한다 유연한 막이나 얇은 필름을 이용하여 외부환경과 격리시킨다 - 자동차 코팅으로 부식 및 스크래치 방지
31. 구멍이 많은 재료 Porous Material	다공질(미세 구멍이 많은) 재료로 만든다 - 유압장치에서 다공질 재료로 밸브의 역할을 하게 한다 - 극세사의 다공처리로 방수와 통풍이 동시에 되게 한다(고어텍스) 사물이 다공질이라면 그 구멍들을 미리 어떤 물질로 채운다 - 첨가제를 머금은 다공질 벽돌을 이용하여 용융상태의 금속에 첨가제를 혼합한다
32. 색깔 변경 Changing the Color	사물이나 외부환경의 색을 변화시킨다 - 교통표지판의 색을 보색대비 한다 사물이나 외부 환경의 투명도를 변화시킨다 - 투명붕대, 누드 의류 등 관찰하기 힘든 사물이나 과정을 관찰하기 위해 유색 첨가제를 사용한다
33. 동질성 Homogeneity	본체와 상호작용하는 주변 물체를 본체와 동일한 재료나 비슷한 재료 로 만든다 - 구리의 부식을 방지하기 위해 구리 보호막을 사용한다 - 능력이 비슷한 사람들끼리 조직을 구성하여 운영한다
34. 폐기 및 재생 Rejecting and Regenerating Parts	특정 요소가 그 기능을 마쳤거나 쓸모 없게 되면 폐기하거나 작동 도중 에 개조한다 - 위성이 궤도에 진입하면 보호 필름이 파괴되어 안테나가 나오게 한다 - 정형외과용 생체분해형 바이오플라스틱 나사와 핀 - 캡슐을 활용한 의학품

발상법	세부내용
35. 속성의 변화 Transformation of Property	시스템의 물리적 상태를 변화시킨다 - 탄성파 연구를 위해 지하에 가스 상태 폭발물을 매설한다 농도나 밀도를 변화시킨다 - 아크 용접을 할 때, 액체화된 금속이 증기화되어 전극역할을 한다 온도나 부피를 변화시킨다 - 기구의 공기온도를 조절하여 높이를 조절한다
36. 상태의 변화 Phase Transformation	상태 변화(부피변화, 열 발생/흡수, 자성, 정전기)를 이용한다 - 우주선의 보호층 일부를 증발시켜 본체의 과열을 막는다 - 초저온도에서의 초전도체 현상을 이용한 자기부상, 자기가속, 자기공명 현상을 이용한다
37. 열팽창 Thermal Expansion	온도변화에 따른 물질의 팽창과 수축을 이용한다 - 수은 온도계 및 바이메탈 화재 감지기 - 열팽창 압력을 이용한 압력밥솥 - 공기의 열팽창을 이용한 열기구
38. 산화가속 Accelerated Oxidation	이온화된 산소를 활용한다 - 오존을 활용한 처리시설 및 의료기기 살균 순수한 산소를 활용하여 산화의 강도를 높인다 - 폐수처리장에서 박테리아에 공기를 공급하기 위해 파이프에 많은 구멍을 낸다
39. 비활성 환경 Inert Environment	정상적인 환경을 비활성 환경으로 대체한다 - 화재진압용 거품이나 포말을 사용한다 사물에 중성 물질이나 중성의 첨가제를 첨가한다 작업을 진공 상태에서 처리한다 - 반도체 공정 중에 산화방지를 위해 진공 속에서 진행한다
40. 복합재료 Composite Materials	동질의 재료를 복합재료로 대체한다 - 땜납의 용융온도를 높이기 위해 합금을 한다 - 탄소와 플라스틱의 복합소재를 항공기 제작에 활용한다 - 메모리 칩의 고분자 소재를 복합소재로 교환하여 냉각효과를 높인다 - 방화복에 아라미드(Aramid) 복합소재를 활용한다

무한경쟁이라는 치열한 시장경제의 생태환경이 조성되고 있다. 지금까지 경험하지 못했던 무한경쟁시대에 우리에게 필요한 것은 경쟁력이다. 이러한 이유 때문에 많은 사람들이 참신하고 새로운 결과물을 만들기 위해서 밤낮 가리지 않고 열심히 노력하고 있다. 그러나 쉽지 않다. 오죽하면 새로운 것을 만드는 창작활동을 오체투지五體投地라는 표현에 비유하겠는가? 결국 경쟁력은 생각과 행동의 차이에서 나오며 차이를 만드는 것은 창의력이다.

무엇이든 근본으로 들어갈수록 그 내용을 정리하기가 어렵다. 하물며 창의력을 발휘하는 방법을 정리한다는 것은 더더욱 어려운 일이 아닐 수 없다. 이 책은 이곳저곳 현장을 기웃거리면서 얻은 창의력에 관한 경험을 바탕으로 정리한 결과물이다. 처음에는 의욕을 가지고 창의력의 본질적인 속성과 전체 모습을 그리려고 노력했는데, 막상 글을 마무리하고 보니 이 또한 일부분이라는 생각을 지울 수가 없다. 이 점에 대해서는 독자의 너그러운 이해를 구해야 할 것 같다. 미안한 생각이 드는 한편으로 내세우고 싶은 것은, 본문에 소개한 다양한 현장경험은 공유할 가치가 충분하다는 점이다.

창의력을 실용적으로 정리하기 위해서 방법과 기술 위주로 접근했는데, 어찌 보면 정신자세나 태도도 이에 못지않게 중요하다. 그런 의미에서 일에 대한 근성, 목표의식, 절차의 중요성에 대해 하나씩 짚어보고자 한다.

먼저 근성이다. 20세기 초반, 미국의 심리학자인 윌리엄 제임스William James는 성공한 사람들의 특징을 분석하면서 그릿Grit이라는 현상을 발견했다. 그릿은 '장기적인 목표를 달성하기 위한 근성'이라고 정의내릴 수 있다. 흔히 이야기하는 뚝심과 동일한 개념이다.

제임스가 주장하고자 했던 것은 성공한 사람들이 차이를 보인 것은 지능이 아니라 근성, 즉 그릿이었다는 사실이다. 지능은 타고난 것에 영향을 받는 측면이 강하지만, 그릿은 후천적인 성품이나 노력에 의해 좌우된다. 나 또한 조직생활을 오랫동안 하면서 느낀 것이 조직 내에서 두각을 나타내는 사람들은 한결같이 그릿이 있었다는 사실이다.

대다수의 사람들은 완성도나 품격이 떨어진다는 이유로 B급 작품을 천대한다. 그러다가 그것이 히트를 치면 태도가 달라진다. 일단 성공하고 나면 '좋은 작품이고 창의력이 발휘되었다'고 평가하는 것이다. 이 부분이 창의력에 대한 이해를 혼란스럽게 만들기도 하는데, 도대체 원인과 과정으로 봐서는 창의력이 있다고 설명할 수 없기 때문이다. B급이었으나 결과적으로 최고가 된 경우는 그릿과 깊은 관계가 있다는 사실에 주목해야 한다.

최근 한국에서 내한공연을 한 영국의 오페라 가수 폴 포츠Paul Potts라는 사람이 있다. 영국의 가난한 가정에서 태어난 그는 뚱뚱한 외모와 말더듬 때문에 어릴 적부터 많은 놀림을 받았다. 그런 그가 유일하게 좋아하고 잘하는 것이 노래였으며, 자신의 존재 이유를 오페라 가수라는 일에서 찾고자 했다. 그는 20대 초반에 직장을 구하지 못하고 조그만 잡화점에서 일했다. 그러면서도 동네 교회나 봉사단체에서 노래 부르는 일을 멈추지 않았다. 푼푼이 번 돈을 털어서 이탈리아로 건너가 성악 공부를 하기도 했다. 그러던 그에게 마침내 기회가 찾아 왔고, 경연대회에 참가하여 우승을 차지한다. 그러나 전 세계 사람들은 그의 우승보다 실패에 굴하지 않는 의지와 근성에 더 큰 감동을 받고 찬사를 보냈다.

두 번째는 일에 대한 목표의식이다. 컨설팅 업무를 하면서 성과관리 및 지식경영 프로젝트를 수행한 적이 있다. 그 과정에서 몇몇 기술연구소 소장들에게 '신제품 개발과정에서 중요한 것이 무엇인가?'라는 의견조사를 했다. 석유화학, 통신, 전기전자 등 업종을 불문하고 공통적으로 나온 의견이 있었다. 바로 '과제의 목적과 방향 정립'이라는 의견이다. 목적이나 방향이 올바르면 과정상의 실패는 실패가 아니라 기술개발의 노하우가 된다는 것이다. 방향만 맞으면 실패를 두려워하지 않는다는 그들의 대답이 인상적이었다.

현장에 있는 사람들 입장에서 보면 새로운 것을 도입하려는 창의적 사고 그 자체가 부담이다. 뭔가 새로운 것을 추구하기보다는 주먹구구식이라 할지라도 지금 하고 있는 일에 더 비중을 둘 수밖에 없기 때문이다.

2007년 12월, 태안반도에서 발생한 기름유출 사고를 생생하게 기억할 것이다. 그해 12월 11일, 노무현 대통령이 사고현장을 점검하기 위해 방문했을 때의 일이다. 사고수습대책을 보고하는 자리에서 대통령이 해양경찰청장에게 묻는다.

"기름이 확산되는 것을 지금의 역량으로 충분히 막을 수 있습니까?"

그러자 해경청장이 대통령에게 엉뚱한 답변을 한다.

"지금 조류를 따라 기름이 확산되는데, 북서풍이 불면 해안 쪽으로 다가오고, 북동풍이 불면 바다 쪽으로 빠져나갑니다."

대통령이 답답한 듯 재차 질문을 한다.

"우리의 역량으로 기름띠를 막을 수 있습니까?"

해경청장이 답변한다.

"해상 상태가 관건입니다."

대통령이 답답함을 숨기기 위해 미소를 지으며 지시를 한다.

"어떠한 조건에서도 확산되지 않도록 하기 위한 대책을 가지고 있어야지요. 목표를 분명히 해 주세요."

"그런데 대통령님. 지금 연안에 있는 많은 소형 선박들을 활용할 수 있는데, 비용 때문에……."

해경청장이 말하자 대통령이 즉각 반론을 제기한다.

"그런 게 어딨어요. 모든 걸 혼자서 한다고 생각하는데 그러면 안 됩니다. 불가항력이라는 말이 나오지 않도록 대책을 총동원해야 합니다."

3분도 채 안 되는 대화였지만 많은 것을 느끼게 하는 실제 상황이었다. 일에 대한 방향과 목표가 명확하지 않으면 주변을 탓하게 된다. 기름 제거가 명확한 목표임에도 불구하고 해경청장은 조건의 문제만을 생각하고 있었다. 목표를 명확히 하는 것이 기본인데, 일의 기본이 되어 있지 않았던 것이다. 이래서는 창의력이 발휘될 수 없다. 다시 한 번 강조하지만, 일에 있어서 속도보다는 방향이 중요하다. 방향을 설정하고 목표를 명확히 하는 것은 창의력을 발휘하는 기본 조건이다.

세 번째는 절차의 중요성이다. 창의력이 구현되도록 하기 위해서는 힘들고 어려운 과정을 거쳐야 한다. 일이 어렵고 복잡할 때 해결할 수 있는 방법은 절차를 구분하고 체계를 잡는 것이다.

불도저식 경영, 무데뽀 경영의 대명사인 현대그룹의 고 정주영 회장도 창의력에 대해서만큼은 절차를 중요시했다. 현대경제연구소에서 출간한 《정주영, 경영을 말하다》라는 책에 그의 생각이 잘 나타나 있다.

"나는 잠잘 때 빼고는 끊임없이 생각을 한다. 어쩌면 자는 중에도 나도 모르게 무언가를 생각하고 있을지도 모른다. 그런데 억지로 머리를 쥐어짜낸다고 좋은 생각이 나는 것은 아니다. 그보다는 한 가지 생각이 다른 의문을 낳고, 그 의문이 또 다른 생각을 낳는 경우가 더 많다. 내 주특기를 꼽자면 밥풀 한 알만한 생각이 내 마음속에 씨앗으로 자리 잡으면, 거기서부터 출발해 끊임없이 그 생각을 키워 커다란 일거리로 확대시키는 것이다. 이러한 씨앗을 하나가 아니라 여러 개를 품고 키워나가는 일도 중요하다. 그렇게 되면 머릿속에 아이디어의 밭을 가지고 있는 것이나 마찬가지다. 머릿속 아이디어의 씨앗은 저절로 크는 것이 아니다. 씨앗을 그냥 둔다고 싹이 나고 열매를 맺는 것이 아니듯, 아이디어의 씨앗도 땅에 심고 물을 주어야만 꽃을 피우고 열매를 맺는다. 그래서 자주 생각하고, 많이 보고 듣는 자세도 필요하다."

고 정주영 회장은 창의력이나 기획전문가가 아니기 때문에 개념 정의에 대해 디테일하게 표현하지는 못했다. 그러나 그가 말한 땅, 씨앗, 꽃, 열매 등은 중요한 의미를 가지고 있다. 그가 강조하고 싶었던 것은 창의력의 발현과정이 마치 농사와 같다는 것이다. 씨앗에서 곧바로 열매가 되는 것이 아니라 싹이 트고 꽃이 피게 해야 열매가 맺는다는 뜻이다.

마지막으로 사소한 생활습관부터 창의력과 연관시킬 것을 권하고 싶다. 가장 대표적인 것이 메모습관이다. 무언가가 쌓여야 창의력이 발휘되는데, 그 무언가는 바로 경험과 지식이다. 지식은 기록하지 않으면 금세 증발해 버린다. 지식을 저장할 수 있는 방법은 기록밖에 없다.

메모하지 않은 정보는 영원히 내 것이 아니다. 본문에도 소개했지만 과일 장수 할아버지의 메모습관은 내가 기록의 중요성을 깨닫는 데 많은 도움이 되었다. 주위를 둘러보면 많은 사람들이 체계적인 기록에 약하다는 사실을 쉽게 발견할 수 있다. 그러나 수많은 천재들의 공통점 중 하나는 스스로 자신만의 기록을 남겼다는 점이다. 여하튼 무언가가 쌓여야 창의력이 발휘된다. 역사학자 에드워드 카Edward Carr의 말처럼 "역사적 필연은 우연의 옷을 입고 나온다."는 사실을 기억하기 바란다.

비즈니스 천재들은 생각하는 방법이 다르다

초 판 1쇄 발행 2014년 11월 5일
　　　2쇄 발행 2016년 1월 5일

지은이 이원선
펴낸이 박경수
펴낸곳 페가수스

등록번호 제2011-000050호
등록일자 2008년 1월 17일
주　　소 서울시 노원구 화랑로 421 한일휴니스빌 1606호
전　　화 070-8774-7933
팩　　스 02-6442-7933
이 메 일 editor@pegasusbooks.co.kr

ISBN 978-89-94651-07-1 03320

이 도서의 국립중앙도서관 출판예정도서목록(CIP)은 서지정보유통지원시스템 홈페이
지(http://seoji.nl.go.kr)와 국가자료공동목록시스템(http://www.nl.go.kr/kolisnet)에서
이용하실 수 있습니다.(CIP제어번호: CIP2014029720)

※잘못된 책은 바꾸어 드립니다.
※책값은 뒤표지에 있습니다.